大夏书系·教师专业发展

教师如何做研究

郑金洲◎著

Jaoshi Ruhe Zuoyanjiu

【第二版】

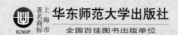

著名商标·上海

ECNUP

华东师范大学出版社

全国百佳图书出版单位

目　录
Contents

导　论

中小学教育科研自 20 世纪 80 年代以来，如火如荼地展开，解决了大量的学校实际问题，为教育理论的发展提供了丰富的养料，促进了学校的健康发展。但与此同时，我们也越来越多地注意到，有些学校的教育科研活动由于其指导思想、操作方式等存在偏差，正在步入泥潭，成为学校运行中的"鸡肋"。如果不摆脱这种状态，"科研兴校"就会成为一句空话，学校也就难以从科研中获得无尽的源泉和动力。

中小学教育科研在过去的发展历程中，取得了长足的进步，对学校的改革与发展起到了极大的促进作用，但从当下来看，仍存在着一系列需要关注并予以解决的问题，主要集中在以下几个方面。

一、中小学教育科研的误区

1. 有行动无研究

自从 20 世纪 90 年代初行动研究传入教育界以来，十几年间，行动研究成为中小学教育科研中使用频率最高的一个词语，几乎每个教师、每所学校进行的研究课题设计中，都会提到自己使用的研究方法之一是行动研究。确实，行动研究在一定程度上破除了中小学教师头脑中的科研神秘感，让大家注意到，科研并不是专家的专利，而是完全可以"下嫁"到中小学，成为中小学教师的专业发展手段的。但另一方面，我们也注意到，在一些学校、一些教师那里，行动研究成为只要行动不要研究的借口，研究正在为行动所取代，有行动无研究的现象日益明显。

近期，我有机会近距离接触了一些学校教育科研的课题设计和成果表达形式，仔细检览，确实发现存在着类似的问题。有的课题设计，只有工作背景介绍、工作流程分析、工作覆盖范围，难觅研究踪影；有的课题实施，只有工作组织与协调、人员调配与管理、制度建设与落实，难觅研究角色；有的课题成果，只有工作成效分析、工作经验积累、工作状态改善，难觅研究价值。凡此种种，都体现出缺乏研究意识，仍然是用经验式的工作支配自己的行为。

作为研究，有三个要件：一是目标，二是过程，三是方法。中小学教育科研也概莫能外。如果我们的所谓研究，没有明确的研究目标指向，没有研究实施的过程，没有使用得当的研究方法，也就不成其为研究了。这本来是一个非常浅显的道理，但遗憾的是，某些研究从设计到成果，都忽略了这一常识。行动与研究结合，研究与行动共进，是中小学教育科研应秉承的基本立场。在行动中持续不断地进行反思，并且把这些反思的过程、方法呈现出来，把反思与行为改进的成效彰显出来，行动才会摆脱其原有的习惯操作；在行动中有意识地将研究中取得的成果作为基础与前提，同时把研究的实施与行动的开展紧密结合起来，研究才会摆脱其原有的虚空状态：这样的研究才是中小学教育科研所应有的！

2. 有研究无成果

如果从 20 世纪 80 年代初开始算起的话，中小学的教育科研迄今已经有二十几年的历史。在这期间，学校教育科研担负着改进学校实践、解决学校问题、提升学校办学水平的重责，不少科研课题也确实起到了这样的作用。同时，我们也应注意到，学校科研课题的庞大数量与实际解决问题的质量，并不是非常相称的。课题立项了，经费投入了，但成果并没有真正体现出来。有的学校的教育科研还处在"塑料花"的状态。

经济学研究给我们提供了三个重要的概念——成本、效益、风险。如果用这三个概念来衡量、评判学校教育科研，有的学校的教育科研是投入巨大、效益很小、风险绝无的。也就是说，教育科研投入了人力、财力、物力，但并没有真正解决学校存在的疑难问题，没有带来学校面貌的改进和教师行为的改变。

这里所讲的学校教育科研成果，并不是指是否出版了科研著作，编写了科研成果集。事实上，不少学校经过一段时间的研究之后，总是能够拿出像模像样的精致的由正规出版社出版的作品。但科研成果可能仅限于此，物化的科研成果——书籍中的理念、反映的内容等并没有真正体现在学校日常生活中，只是以语言符号形式体现的成果而已。这样的学校科研，在科研立项的时候就是直接指向编写这样或那样的著作，并不见得真正想改变学校实践。

导致这种情况出现的原因是多方面的，有科研观念方面的原因，有科研组织方面的原因，有科研成果呈现方式方面的原因，也有现有科研评价机制方面的原因。现在来看，如何评价科研课题的研究成果，已经成为一个需要高度关注的问题。如果现有的状态一直持续，虽然学校申请科研课题的积极性还会延续一段时间，但随着学校逐渐发现科研并不直接与学校生活改善相关联，不仅是科研积极性会降低，而且对科研的态度也会产生变化，那就是从接纳到拒斥。这个问题值得我们深思！

3. 有成果无转化

中小学教育科研发展到今天，已经有了丰硕的成果，如果将各所学校科研成果汇集起来，将会是一个天文数字，真正称得上汗牛充栋。与此形成鲜明对比的是，我们现有的科研成果缺乏转化，缺乏在实际教育教学中的运用。有的学校是一任校长一个重大课题，一个办学思路，一旦换了校长，就会改弦更张，重新选择课题作为自己在任期间的"政绩"研究项目，原有的科研成果也就只能是文字性的成果了。

学校科研成果转化难，现在成了不少学校面临的问题。倾心科研，也有所得，但却无法转化为实际教育教学，科研也就失却了应有的意义和价值。

科研成果的转化，不应该仅仅是科研成果形成以后才考虑的事情，在科研课题立项之初，就需要有通盘的设计与安排。在学校层面上要考虑，科研项目的组成成员对科研成果的转化有无帮助，科研成果的形态是否有助于后期的转化，科研的实施过程是否使更多的教师参与了解课题的相关情况，等等。在区域组织层面上要考虑，所属学校的科研课题成果哪些是可以在较大范围推广应用的，推广应用的前提是什么，借助于何种形式才能达到推广应用的目的。在转化机制上要考虑，是否需要建立或扶持相应的中介机构来推进成果的转化，区域教研员、教育科研人员需要与学校建立怎样的联系才能使课题成果得到提炼与推广。如此等等。

就学校教育科研来说，研究的一切目的都在于应用。这一简单的道理需要在今天重申，研究要以是否能应用为前提，为指向，为归依。课题能否立项要看其应用的价值何在，课题评审的标准要看其是否改进了实际，不能只凭借远离学校实际状态的所谓的"创新"为立项依据，只凭借是否出版了几本书作为课题通过验收的依据。

4. 有定性无定量

回顾中国学校教育科研二十几年的发展历程，大体可以看到以下运行轨迹：20 世纪 80 年代强调定量研究，各种各样的教育研究都冠以"实验"的名称，一时之间，好像没有实验，没有统计测量，就不能称为教育研究；20 世纪 90 年代注重行动研究，各种各样的教育研究都举起了行动研究的大旗，研究的身份不再高贵，研究成为一种共享的行为，但研究也在此期间被单一化、狭窄化；进入 21 世纪突出叙事研究，各种各样的教育研究都关注教育教学具体情境中的事件记叙，定性的方法取代定量成为研究中的"显学"，一个突出的表现就是当下很难再找寻到定量性的研究了。

西方的教育研究走过的历程似乎正在我们的中小学教育科研中上演，不过在时序上我们处在后端，与他们有着不小的差异。西方 20 世纪初至五六十年代，强调的是定量研究，心理统计测量实验对教育研究的影响甚大，当时占突出地位的就是在教育教学研究中广泛运用定量的方法；20 世纪五六十年代至八十年代，强调的是定性研究，研究者深深意识到教育教学中的意义远不是定量能解释与说明的，自然科学的研究范式推演到教育上来是难以奏效的，定性转而成为研究的主要取向；20 世纪 80 年代至今，西方的教育研究逐渐迈向定性与定量的融合，两者泾渭分明的现象正在逐步消除。

我们的学校教育科研好像无意当中也在延续着西方教育研究的演进历程，现在似乎还处在专注定性研究的时期，并未跨入定性与定量两相融合的时期。

正如毛泽东所指出的，方法就是达到目的的手段和工具，起到的是"桥"和"船"的作用。研究目的不同，研究对象不同，研究内容不同，也就需要选用不同的研究方法。这一基本的道理，怎么会为我们所忽视？这确实是一个值得去探究的问题。我们与西方研究者不同，由于文化传统、教育场景、成长经历的差异，我们缺乏明显的方法意识和在研究中专注方法的热情，因而也没有像他们那样形成壁垒森严的定性研究群体与定量研究群体，两者间的论争也无从谈起。这种情况，可能会在很大程度上制约我们在这两个方面的融合，没有各自鲜明的立场，也就缺乏深入独到的分析，在分析基础上进行统整也就变得困难了。如此说来，要迎来定性与定量两相融合的时代，我们还有许多事情要做，还有很长一段路要走！

5. 有叙事无提炼

教育叙事是近年来被大家广为关注的研究方法和文体表达形式，它在行动研究的旗帜下，将教育研究与中小学教师的关系更为密切化。不少中小学教师依托叙事反思自己的教育教学行为，将教育叙事作为自己专业成长与发展的重要手段。但是，几年时间过去了，我们正越来越多地面临一个新的尴尬境况：叙事已达汗牛充栋的地步，但教育教学智慧并没有随之跃升，各种各样的教育叙事并没带来教育理性思考的升华，叙事仅仅是叙事。

翻检一下中小学教师撰写的教育叙事，不难发现，内容日益趋同，题材日益单一，连题目也越来越相像。叙事并没有带来预期的变化，无论对教师成长还是专业理论工作者来说，都没有产生起初预期的促进作用。

叙事只是一种手段，而不是目的。我们期望，借助于叙事，教师能够梳理自己的实践行为，记叙自己的教育教学经历，提炼自己的教育智慧，从而形成符合当今时代要求与学生发展的新的角色转变；借助于叙事，专业研究者能够更好地认识教育教学实践，从实践中不断汲取营养，使理论不再是空洞的说教和专业术语的堆砌，实现教育学理论形态的转变。这些目的现在看来都还未达到。是不是我们太心急了？这样的智慧是需要时间积累和长期实践的检验的。不排除这样的原因，但也有一个原因不容忽视，那就是叙事本身出了问题。

没有理论的指导，叙事就只是叙事，就只能是将身边的教育事件如实地反映出来而已，其写作技法会变化，叙述形式会调整，但仍走不出事件本身的局限，走不出个人经验的狭隘空间。没有其他方式方法的配合，叙事就只能反映教育现象的某一些方面的特征，不能全面地认识现象本身，更不能真正实现"透过现象看本质"的研究目的。

要想走出叙事简单重复的研究困局，就需要在改进叙事方式的同时，加强理论的介入与分析，既将理论作为叙事的重要参照和基础，又将理论作为升华叙事、提炼智慧的重要指向。"后叙事时代"的教育研究，也应该是多种研究方法和文体的综合，使叙事的"青菜萝卜"添加上作料，使教育研究不再是白开水一样的没有味道的行为，不再是学校实践行为中的"鸡肋"，从而真正成为教师成长的助手、学校发展的保障！

6. 有课题无问题

课题与问题的关系，应该说是较为明了的。先有问题，然后在此基础上，经过对"事实"、"应该"、"可能"、"可行"的思考形成研究课题。这是所有课题形成的基本思维路线。事实——学校发展或教育教学实际中的现象如何，事实状态是怎样的；应该——从应然状态的角度分析学校实际，也正是从这一角度才发现学校所存在的这样或那样的问题；可能——改进学校实际有哪些可供选择的路径，学校发展或具体教育教学问题按轻重缓急可作出怎样的分类，在不同的时序会有哪些不同形态；可行——从学校实际资源来分析，哪些问题可以成为研究课题，研究已具备了哪些基础，还需要寻找哪些方面的支持，这些支持能够真正获得，等等。这样的分析，常常导致课题的产生与研究的开始。

遗憾的是，我们许多中小学的教育科研，包括专业工作者的研究，并没有真正做到这一点。在进行课题立项评审、论文开题评审的时候，我们常常为这样一些简单的问题所困惑：到底要解决什么问题？洋洋洒洒的文献分析、结构完整的论证报告，到底要说明什么？哪个问题是课题要解决的首要问题？经过研究，课题能解决到什么程度？

无论是课题研究，还是论文写作，研究者始终都需要有一个清醒的意识——我这项研究是围绕什么问题展开的，我应该聚焦的方向是什么，我的研究能够为这个问题的解决提供哪些帮助。没有问题，或者说问题不集中，课题研究的价值与作用就会大打折扣，不仅是研究实施中方向各异，线索不明，而且研究的成果也难以令人信服。

素质教育的实施、课题改革的推进，都给中小学实践提出了许多挑战，也衍生出一系列需要克服的问题。中小学的教育科研应该自始至终围绕这些问题展开，要注意梳理问题，分析问题，进而从自身实际出发将其转化为研究课题。研究课题形成后，并不意味着可以忽略即时性、突发性问题，研究者仍然要关注这些问题，思考是否可以将这些问题纳入已有课题范围内，同时思考后续研究的方向和课题形成的可能。

7. 有师本无校本

"校本"这个词语在中文中出现，还是 20 世纪 90 年代初的事情。当时我在一篇题为"基础教育改革与发展的世纪走向"的文章中，提出走向校本是基础教育发展的大趋势，并且会成为 21 世纪大家都会关注的重大变化。十几年过去了，校本确实已为广大中小学教师所认同，教育行动管理部门也认为校本是中国中小学改革与发展中的一件大事。不过，如果仔细分析当下中小学校本的种种行为，有些确与校本相一致，有些则并非如此。教育科研也存在类似的现象。校本教研、校本科研、校本研究、校本研修，这些概念虽然指代的含义不同，但都突出强调了校本的意蕴。

在我头脑中，是把校本理解为紧密联系的三件事情的：为了学校，在学校中，基于学校。三者缺一不可，相辅相成。能够称为校本的活动，应该是着眼于改进学校实践、解决学校实际问题、提升学校教师教育教学水平的；能够称为校本的活动，解决问题的主体应该是学校中的管理者与教师，解决问题的过程也主要是体现在学校场景之中；能够称为校本的活动，应注意充分认识并挖掘学校中存在的各方面资源，将这些资源从潜在状态转化为显在状态，真正做到从学校的实际出发。如果我们同意这种见解，并以此来衡量现有的学校教育科研活动的话，大概会发现，有的学校的教育科研还仅限于师本的水平，而没有达到校本的境地。

师本是以师为本，每个教师都是一个研究个体，每个教师也相应地都是研究主体，他们可以从自己的教育教学情境中发现问题，自行从事相关研究，而并不见得真正将自己的研究融入学校发展，扩展为学校共享的智慧或经验。在那些没有倡导校本教研或校本研究的学校，教师自发进行的研究，大多表现为师本研究。即使是在倡导并实施校本教研或校本研究的学校，有的虽然有了校本的形貌，但真正从事研究的仍是教师个体，没有教师之间的合作，没有教师经由教育研究形成的智慧推及学校改革与发展变革层面，仍然不能称之为校本。

师本是校本的基础。在一所学校，师本研究涉及面广，教师参与研究人数多的话，从事校本研究就便利了许多。作为学校管理者或教育科研的组织者，应充分认识所在学校师本研究的状况，要考虑如何将这些资源整合进校本研究中来，同时在推进校本时，也要注意保护师本研究的积极性，毕竟离开了师本，校本也就难以为继。

中小学教育发展到今天，正由于社会需求的变化、学生个体身心状态的变化以及新课程改革的推进等，面临形形色色的新问题。要解决这些新问题，需要中小学从事教育科研活动，借助于研究找到解决问题的新途径、新方法。但在研究中，要直面学校实际，以改进学校实践活动、提升学校教师教育教学水平为目的，以能否解决学校问题、在多大程度上解决学校问题作为衡量和评判学校教育科研的主要依据与标准，这样的研究，才能真正成为学校发展的助推器，成为学校改革的发动机。

二、教师从事教育科研的基本要求

1. 要有平常心

教师从事教育科研活动，是改进职业生存方式、提升教育教学水平的重要举措，是产生教学经验、形成教学智慧的重要手段。这种科研活动，越来越多地被教师接受。但在实施教育科研活动中，我也注意到，有的教师将教育科研主要看作是职称评定的砝码，有的教师选择的科研课题或内容主要在于吸引别人的眼球，有的教师科研功利意识浓郁，凡此种种，都使得教育科研活动显得浮躁、空泛。

教育科研一同任何其他科研活动，其实很需要平常心来对待，只有从容研究，冷静思考，才能使科研成为自身职业生活中的一个重要组成部分，使科研与教学不弃不离相伴始终，使科研真正成为教育教学活动的助推器和发动机。正如同一位诺贝尔奖获得者所说，如果一个人在从事研究之初，就以诺贝尔奖作为奋斗目标的话，很有可能无法达到这样的目标。研究所需要的从容、淡定，发现所需要的沉着、进取，常不是外在功利的一时引导所能奏效的。

市场的喧嚣、人事的繁杂、文化的多元、价值的失范，这些外在的影响，不可能不波及教师，不引发教师心理这样或那样的变化，不使得教师从事教育科研更多一份功利色彩和急功近利的追求。对于这些影响，我们固然要看到。而真正在教育科研中有所获、有所得，切实通过教育科研形成自己独具特色教学风格和行为的教师，可能恰恰是认识到教育科研外在氛围的嘈杂，而又坐得下来，心沉得下去，不断思索与探究教育教学问题的教师。我们举目四望，分析每一个成功教师走过的路，都不难发现，正是他们的孜孜以求、日积月累，才有了他们今日的辉煌和教育上的成就。

平常心看上去平常，真正长期坚持将教育科研作为自身职业生涯的重要组成部分，则变得有些不平常；平常心看上去平凡，真正坚持不懈对教育教学中的疑难问题不断进行分析探究，则变得有些不平凡；平常心看上去简单，真正不遗余力在教育教学征途上通过科研达到精致，则变得有些不简单。科研中多了一份平常心，也就多了一份真实的积累和经验；多了一份平凡的心态，也就多了一份超越与提升。功利难免，但还是要少一些。教育科研今天需要这份平常心！

2. 要有好奇心

我们常常说：好奇心是打开科学研究大门的钥匙，是进入科学殿堂的必备台阶。我们也常常引述爱因斯坦的话教育我们的学生：我没有特殊的天赋，我只有强烈的好奇心。但在我们自己的教育科研活动当中，这些教育学生的言论好像失去指导意义了，不少教师不是因为好奇而去研究，而是为研究而研究。没有或失去了好奇心，教育科研活动也就在一定程度上失去了原动力，外力推动之下的研究活动难以持续长久，难以真正提升教师的教育教学水平。

在教育科研活动中，好奇心是研究的基本动力，它使得研究饶有趣味，别有情趣，使得研究逐渐成为教师内在的心理冲动。保持童年的好奇心，在日常教育活动中发现一切有待探索的问题，是今天教育科研中教师需要有的一种心境和心态。为什么某个学生今天的表现与以往迥异？为什么今天的教学设计与实际教学进程出现如此大的差异？为什么学生在解题中会出现这样或那样的错误？为什么今天一个不经意的教学活动会引发非同寻常的教学效果？教育教学中，实际上充满着问题，充斥着大量待解的难题。教师善于在教育教学活动中发现问题，惯于探寻事实背后的原因，乐于去分析解决问题的各种不同路径，才会使自身的研究与自己的成长紧密结合在一起。

好奇心是导引研究走向深入的标尺。教师在从事教育科研活动时，受好奇心驱动，就有可能在破解问题找出初步解决问题的答案后，进一步去思考和探索后续解决问题的方向，将研究引向思维的深处，引向教育的深处，教育教学的一些规律性认识、实践性智慧就有可能浮出水面。没有好奇心，教育科研仅仅是为了完成学校布置的研究任务，或者仅仅是出于外在功利的目的，就有可能浅尝辄止，仅将研究停留在观察和分析教育教学现象的表面，仅满足于发表一两篇所谓的科研成果，满足于职称评定或其他非内在的需要。

毋庸置疑，人的年龄与好奇心在一定程度上是呈反比的，年龄越长，经验越丰富，思维越趋向于定势，对外在事物的敏感度就越会降低，好奇心也就越弱。这应该说，是教师从事教育科研活动的阻碍因素之一。但在教育教学实际中，如果教师有意识地强化自己的问题意识，有意识地促使自己关注外在事物的变化，有意识地提升自己对变化的敏感度，就有可能使自己的好奇心进一步加强。好奇心产生的途径有很多，书籍阅读、报刊浏览，参观考察、经验分享，自我反思、集体合作，都蕴涵着众多问题，都可能滋生这样或那样的疑问，循着好奇心确定问题，进而分析和解决问题，这样的研究才有韵味和意义，才是教师真正发自内心的研究。

3. 要有自信心

自信心是成功的首要心理素质，教师从事教育科研的自信心主要表现为要相信自己研究的价值，相信自己的研究能力，这是教育科研取得成效的关键。在实践中，我发现，有的教师在教学上是一把好手，甚至是当地的教学能手，但说起科研，常显得不自信，以为自己作为实践第一线的老师，无法也无能从事科研活动，不能胜任科研的要求。

这里，首先需要明确教师教育科研的定位。只有定位明确了、准确了，才会使自己的自信心有所提升。我们反复强调，教师的教育科研与专家的教育科研不同，他们研究的问题来自教育教学实践活动，研究的开展存在于教育教学的实施过程，研究的成效表现为切实改进教学实践，提升教育教学水平。而专家的研究，问题来自理论，来自书斋，研究更多地体现为资料的梳理与分析，研究成果的评定标准往往反映理论创新的要求。教师的教育科研是专家所不能替代的，当然，专家的教育科研也是教师所不能替代的，两者都有其存在意义和价值，共同构成教育科研总体格局的重要组成部分。

经济社会的转型，全球化、信息化、城市化的冲击，素质教育实施的挑战，所有这一切都给当今的教育教学带来这样或那样的实践问题，解决这些问题的主体是我们教师，专家充其量只能对解决问题的理论路径进行探讨，对抽象的一般的问题进行理性分析，只有教师拿起科研的武器，以研究者的姿态出现在实践舞台上，才能使教育教学跟得上时代的步伐，才能反映教学的新要求。

既然教师的科研定位与专家不同，那么，教师就大可不必用专家的科研标准来要求自己，也就完全有能力胜任自己的科研工作。今天的教学好像不太如意，没有达到预期的目标，学生的学习动力不强，课堂参与意识不强，好像没在状态？产生这些问题的原因是什么？我在后续教学中应该加强什么？在哪些方面需要改进？改进后的效果如何来评定？改进以后又遇到哪些新问题？面对这些问题我能否解决？如果不能的话，我需要从哪里获得相应的支持？我解决这样的问题有几种方案？哪种方案最适合学生实际以及教学的需要？如此等等。我们的教师每天对这些存在于教育教学中的问题进行思考、探究、解决，我们就是在做教育科研工作。试问，专家能做我们这样的教育科研吗？大概是不能的，即使能，这样的专家也是为数极少的。我们恰恰是这些问题最为恰当的解决者、解答者。假以时日，我们的教师完全可以成为教育科研活动的行家里手，成为教学的发言人和教学智慧的拥有者。

自信心来自解决问题的成功激励，来自日积月累的经验提炼，来自持续不断的自我反思。教师在从事教育科研活动时，要注意从科研对实际问题的解决中感受成功的喜悦，用学生的变化、教学行为的调整、自身角色的重新定位、师生关系的新形式等激励自己，从中认识到科研的意义和价值，认识到自己逐渐提升的科研能力；要注意不要急于求成，要认识到科研是一项长期的工作，是与自己的教学实践活动密切相关的，要在日常的实践与研究的双向互动中积累自身的经验，提升自身的本领；要注意不断反思自己的研究行为，及时调整自己的研究方向和目标，汲取他人的成功经验和做法，使自己的科研实力不断增强，面对困难的勇气不断增强。

4. 要有责任心

教师有没有责任心、责任心的强弱，对教育科研的实施以及结果的运用等，都有重要的影响。责任心强，则永不满足，锐意进取，不断改进教育教学实践的效果，教育科研则持续推进；责任心弱，则遇难折返，遇障缓行，难以真正破解教育教学中的疑难问题，难以取得真正的实效，教育科研则难以持久。

教育科研是教育教学实践活动的一种手段，它可以用来达到不同的目的，既可以用来实施素质教育、推进新课程，也可以用来单一地指向改进学习成绩或其他目的。这就需要教师首先明确自身的岗位职责，增强自己的责任心。从今天来看，教育教学改革的需要、学生身心发展的需求，都使得教育科研更多地指向素质教育和新课程改革，也就是说，教师的教育科研应该为实施素质教育和推进新课程改革服务，而不是为别的什么服务。教师在从事科研时，首先要认识到自身工作所处的历史方位，了解经济社会对教育教学发展的要求，明确自身教育科研的基本方向。

教师教育科研的责任心还表现在对学生负责上。教师的教学对象是学生，教育科研的一切着眼点和落脚点也应该体现在学生行为的改变上。在教育教学过程中，及时发现学生存在的这样或那样的问题，并对问题进行原因分析，进而提出解决对策，在实践活动中解决问题，这是教师教育科研的基本要求。在从事教育科研时，教师要始终想着学生，要始终看着学生，从学生那里寻找研究课题，从学生那里获取研究的动力，从学生那里得到研究成果的验证。

教师有教育科研的责任心，也会在很大程度上推动教育科研的持续进行。与从事任何其他科研活动一样，教师的教育科研也会遇到这样或那样的困难、这样或那样的阻障。有较强的责任心，教师才有可能知难而上，咬定青山不放松，通过自身智慧的发挥或他人经验的借用等，逐渐解决问题，使教育教学水平上一个新台阶。

教师有教育科研的责任心，也会在很大程度上推动教育科研成果的转化。当教师认识到科研的目的在于改进教育教学实践，科研是自己本职工作的重要组成部分的时候，就会自觉不自觉地将科研成果逐渐应用在实践中，通过应用发现新的问题，实现新的突破，达到新的境界，而不是满足于课题成果的评奖或出版等。

教师有教育科研的责任心，也会在很大程度上推动教师自身职业生存方式的改变。当教师把教育科研当作自身分内的事情，与自身教育教学日常活动紧密结合在一起的时候，就会将教育科研加以内化，产生强大的内在动力，积极投身于教育科研。在这个过程中，他会逐渐改变自己原有的职业生活方式，边实践边研究则成为主要的存在形态。

5. 要有宽容心

任何研究都有对未知事物的探索性成分，都是尝试性解决问题的过程。在这个过程中，有成功，也有失败；有困惑，也有喜悦；有挫折，也有顺遂。作为同行，教师对他人的教育科研要有宽容心，要宽容他人的失败，认可他人的努力，分享他人成功的喜悦，同他人共同找寻解决问题的方法。

从事教育科研的教师要有平常心，对于同行则要有宽容心。今天的教育教学，面临的问题众多，困难重重，几乎没有什么现成的答案，因此，就需要广大教师投身于教育科研的热潮之中，通过研究解决问题。这类研究，不属于少数教师，而需要所有教师共同参与。在研究活动中，有的教师收获了成功，有的教师在某一阶段遇到了阻碍，就需要教师相互鼓励，互相扶持，在彼此的宽容与理解中共同寻找解决问题的答案。同样，在这个过程中，教师宽容别人，也就是在影响或引导别人宽容自己，于人于己都有一定的助益。

宽容是一种美德。宽容心是一颗博大的心。教师属于知识分子，传统中文人相轻的不良习气，应该说在今天还有一定市场。然而，所谓"文无第一，武无第二"，这种不良习气，在今天教师的职业生活中越来越需要摒弃，在教师的教育科研中变得越来越陈腐。每个人都是研究者，都需要实现实践者向研究者的转变，而研究都需要不懈探索、大胆尝试、共同协作、相互激励，这是研究的内在需要。只有在相互理解和认可之中，科研才能成为教育教学发展的动力源泉，教育教学中的现实问题才能真正得到解决。

宽容是获得别人尊重的基础。宽容心是与他人良好相处的保证。有宽容心，教师才会自觉地从他人的角度和立场思考问题，才会设身处地地从对方的视角看待问题。一个研究项目、一项研究活动，都蕴涵着各种各样的教育意义，有时很难用绝对的对与错、正与误来区分。只有认识到教育科研的要义，宽容他人暂时的失利，你才能获得他人的尊重，当你自己遇到类似困难时，才能获得同样的支持。

宽容是一种境界。宽容心是一种健康的心理状态。事事计较，心理狭隘，只能使自己与他人的关系处在紧张状态之中，冲突难免，矛盾不断，到头来自己不舒心，别人也不痛快。看事高远，心胸豁达，才能使自己与他人关系良性发展，和谐相处，心安理得。在教育科研活动中，不责怪，少指责，多自省，常反思，心境坦然，才能使研究渐入佳境。

6. 要有细心

中小学教师的教育科研，从总体上说，是小题大做的研究，需要从细微处着眼，从教育教学的小处着手，需要做"小学问"。如此，也就需要教师在教育教学实践中，细致入微地考察疑难问题，不放过教育教学中有可能存在的任何纰漏。

细心是发现问题的前提。今天的教育教学实践中，无疑存在着形形色色的问题，几乎可以说俯拾皆是，但要发现值得研究而且有可能深入研究的问题，则需要从貌似没有问题的地方发现问题，从稍纵即逝的现象背后捕捉问题。在别人看不到的地方发现问题，是研究能够找到恰当选题的前提条件，也是一个有经验的教师常体现出的研究特征。

细心是实施研究的保证。发现了问题，要真正地转化为研究课题，形成研究方案，体现为研究的实施行为，转化为一系列具体的课堂教学实践，仍然离不了细心。借助细心，教师可以对研究问题向课题转化过程中的种种可能与限制进行认真梳理；借助细心，教师可以对研究方案的各个细部进行具体设想，预见在研究中有可能存在的种种障碍；借助细心，教师可以在研究的具体实施过程中考察各种各样的新现象、新矛盾、新情况；借助细心，教师可以仔细甄别自己的研究过程与实践过程的异同。凡此种种，都需要通过细心来完成。

细心是反思研究的保障。对中小学教师来说，研究本身不是目的，其目的在于改进教育教学实践，解决教育教学实际问题，因而，研究过后，教师要认真分析研究的利弊得失、问题解决的实际水平、改进实践的实际状态。反思研究全过程，需要细心；探讨后续努力方向，需要细心；甄别自身行为的前后变化，也需要细心。

细心具有先天个性的因素，更是需要后天养成的品质。教师在日常研究中，要把细心作为对研究的基本要求，不满足于得出初步的认识和结论，不满足于概要性的看法和观点，要注意提醒自己仔细再仔细，认真再认真，用缜密的思维和细致入微的眼光来为自己的研究提供支撑。

7. 要有虚心

谦虚使人进步，骄傲使人落后。这句话是老生常谈的话。但在教育科研活动中，仍具有重要指导意义。事实也证明，正是凭借虚心向他人学习，虚心向他人请教，一些教师的教育科研才取得了骄人的成绩，而骄人成绩的取得，也没有让他们骄傲，而是导引他们不断向教育教学的高峰攀登。

在与中小学教师打交道的过程中，有两类教师给我留下了较为深刻的印象：一类是虚心向专家学习，向同行学习，向书本学习，甚至向学生学习，不断探索，锐意进取，一段时间以后，其教育教学发生了较为明显的变化，在当地成为教育教学创新的能手；一类是教学已小有名气，但专家的意见听不进，同行的教学不能成为其学习的样本，"居功自傲"，以自己已有的称号或荣誉为荣，一段时间以后，其教育教学与以前没有什么变化，逐渐地就不再成其为教学的行家里手。两类教师的差距，是观念的差距，是行为的差距，更是学习态度的差距。

当今教育教学中遇到的疑难问题，有很多是无现成答案的问题，是以往的教育教学经验所不能解决的问题，在一定程度上，很难说谁是教育教学的权威，即使是权威，也只是某一方面的权威。在这种情况下，相互取长补短，分享智慧，就成了教师从事教育科研必需的选择。尺有所短，寸有所长。我们在彼此的借鉴与学习中，可以不断形成自己新的视野和思路。先当好学生，后做好先生，在教育科研中，教师尤其需要如此。

虚心与心虚是两个紧密相关的词语。教师在从事教育科研之初，有心虚的感觉，觉得自己心里没底，对科研中的问题缺乏判断力，对科研的实施效果心中无数，对自己的科研能力心中惴惴，都是正常的事情。关键在于，教师从事教育科研时不能心虚得太久，不能不以为虚，不能放任其虚，更不能以虚为实，要使心虚转化为心实，不可或缺的就是虚心求教，认真钻研，用自己的教学经验和智慧充实自己，用他人的先进做法和专家的理论指导充实自己，用教育科研的成效激励自己。

8. 要有恒心

塑料花式的教育科研，作秀式的教育科研，偶尔为之的教育科研，是近年来教育界关注并予以批评的对象。教育科研要真正解决教育问题，教育科研要真正成为教师教学水平提升的发动机，教育科研要真正为教育实践服务，就需要教师在从事教育科研的时候，矢志不渝，咬定青山不放松，用持之以恒的努力换来教育教学实践的改进。

做教育科研并不难，难的是一直持续不断地做教育科研，难的是一直明确教育科研的定位，将教育科研作为自身教育生活的一部分。今天教育教学中存在着各式各样的问题，教师在实践中也能感受到这些问题的存在，对这些问题进行反思，探寻解决问题的方法，思考破解难题的路径，应该说，不是一件很困难的事情。只要有反思自身实践的意识，有把握问题、解决问题的愿望，再加上掌握一些思考问题的方法，研究就有可能出现。但要将这些问题持续不断地作为反思对象，作为自身实践待解的难题，持续不断地将研究与教学结合在一起，则需要教师具有一定的恒心和意志。

当今的教育教学改革，一如国家经济社会的改革，正进入一个新的时期，改革的阻力增大，难度加强，攻坚战增多。在此情形下，几乎没有哪一个问题，是轻而易举就可解决的，教师每前进一步，都需要有直面困难的勇气，有坚持研究、持续探索的决心和行动，否则，就有可能止步不前，不只是存留现状，甚至会重新走上改革前的老路。现在，教育教学逐渐步入综合改革的阶段，每改动一个因素，都有可能引起连锁反应，带来一些意想不到的问题，这些问题，只有靠教师来解决，只有靠教师的研究来解决，只有靠教师坚持不懈的研究来解决。

教育科研与任何其他科研活动一样，都不可能是一帆风顺的，都会遇到这样或那样的困难和障碍，也有可能会失败，会受到各方面的误解或不理解。只有理性分析，沉着应对，不言放弃，教师的教育科研才能有所获，教学才会有所成。纵览有教学成绩、科研水平的教师，大概没有哪一个是在自己的科研与教学道路上没有遇到过挫折，没有遇到过挑战的。他们的坚持，他们的开创性、操作性与坚韧性的有机统一，使得他们渡过一个又一个难关，积累下自己宝贵的教学经验，逐渐形成自己独到的教学智慧。

9. 要有进取心

不满足现状，不故步自封，主动探究教育教学世界的真谛，自觉将研究与教学紧密结合在一起，不断攀登教育教学研究的一个又一个高峰，这就是教师从事教育科研的进取心。研究中的进取，是教师研究取得成功的重要保障，是教师研究的基本动力。今天的教师，在教育科研上，需要进一步增强这种进取心。

拿破仑·希尔告诉我们，进取心是一种极为难得的美德，它能驱使一个人在未被吩咐应该去做什么事之前，就能主动地去做应该做的事。胡巴特对"进取心"作了以下说明："这个世界愿对一件事情赠予大奖，包括金钱与荣誉，那就是'进取心'。"有了进取心，教师才有可能主动地去发现教育教学中存在的问题，自觉地投身于研究之中。我总以为，研究只有在主动状态下，才会使得研究者有思考的乐趣，研究者也才不会将之作为"身外之物"，也才会持续开展。主动地去做，研究既会做完，也会做好；被动地去做，研究达到做完的状态也就完事大吉了。

教育科研有的是问题，也有的是难题，其中不少问题是有解却难解的问题、长期有解而近期难解的问题，甚至无解的问题。教师从事教育科研活动，如果要在这些问题的探索上有所成就，或者认识到这些问题的性质和类型，就需要有不断进取的心理状态。克服一个又一个难题，就是在不断推进自身的教育教学水平，提升教育教学的质量和品质。爱迪生曾说："我明白了，成功的大小不是由这个人达到的人生高度衡量的，而是由他在成功路上克服的障碍的数目来衡量的。"

教育中的问题，大概没有哪一个是可以一蹴而就解决的，研究者常陷入一种两难的状态中，有的时候也会觉得孤独无助。教师常在解决一个问题的时候，又会遇到一个新的问题，解决了新的问题，又会发现隐藏着的其他问题。在这种情况下，教师不断吸收新知识，掌握新方法，学习新本领，借助于研究形成对教育教学的新观点，就成为教师专业发展的重要内容，也日渐成为教师职业生活方式内在的组成部分。

10. 要有改造心

教育科研的最终成果，远不是撰写一两篇文章、出版一两本著作，而是切实解决教育教学过程中的疑难问题，使得教育教学水平呈现出新的状态。因而，教师在从事教育科研活动过程中，要注重将研究成果转化为教育教学实践，结合教育教学的新情况、新矛盾加以认识，使研究成果成为教育教学走出困境的钥匙。

现在的中小学，尤其是城市中小学，大多有自己的科研课题，大多有一些物化的用著作、文章形式表现出来的研究成果。通过这些成果，我们能够体察研究的实施过程，分析研究实施各个环节的严谨或松散，大体能够反映一个研究的水平或状态。但更为重要的，是这些成果不能停留在铅字形态上，不能停留在文字表达上，不能停留在课题研究本身上，而要体现在教育教学实际的改进上。换句话说，能否解决实际问题，在多大程度上解决实际问题，能否改进教育教学实践，在多大程度上改进教育教学实践，能否提升教师教育教学水平，在多大程度上提升教师教育教学水平，能否促进学生的身心发展，在多大程度上促进这种发展，才是衡量教师教育科研的最终标准。

教师从事教育科研，与专业研究者做教育科研，最大的不同点在于，前者必须着眼于实际问题解决，要将研究成果运用于教育实际。教师之所以做研究，是因为教育实际面临解决问题和矛盾的需要，教师研究的成果也就需要运用于问题的解决和矛盾的破解。我一向倡导，要从教师教育教学实际出发，从学校改革与发展要求出发，重新思考教师教育科研的定位，重新搭建教师教育科研的平台，重新厘定衡量教师教育科研的标准，重新审视教师教育科研的价值。这里说"重新"，似乎重了一点。但在这些方面，我们的确存在着许多误区，存在着一些亟待解决的问题。

科研只是促进教育实践改进的手段。教师从事教育科研，如果目的仅在于发表文章，为评定职称作准备，为教师考核打基础，而与实践的改造无关，与问题的解决无关，这样的研究也就逐渐失去实践针对性。教育教学问题众多，科研的着眼点和落脚点，就应该体现在问题的解决上。如果有可能，教师科研课题的评定，既要看其文字成果，更要看其实践表现，要用多样化而不是单一的方式衡量课题研究的水平。

第一章 改进实践：中小学教育科研的指向

"科研兴校"、"校兴科研"，近年来已经成为中小学的共识。各学校从自身的立场出发，从事了多种多样的科研活动，并且这些科研活动在部分学校已成为发展的动力与保障。但与此同时，我们又不能不认识到，一些中小学的教育科研并没有真正带来学校的变化，往往是轰轰烈烈的"科研"一番，教师的行为依然故我，学生的状态仍同往常，学校发展与改革所面临的各种各样的问题仍然存在。现在，只要是办学条件稍好的学校，大多是有自己的研究课题和成果的，但是对这些科研的效果加以检览，不难发现，庞大的课题或项目数量与解决学校问题的低劣质量的对比是非常鲜明的，换句话说，这样的"校兴科研"的行为，并未产生"科研兴校"的效果。

出现这种结果的原因可能是多种多样的，比如，研究课题选择不当、研究方法运用不合理、研究组织流于形式等，但最为重要的原因在于学校教育科研的指导思想有待于进一步端正，目的有待于进一步明确。首先，我们需要认识到，之所以倡导中小学从事教育科研，要求教师投身于研究活动，正是因为学校当今的发展面临着许许多多新情况，出现了各式各样新问题，遇到了形形色色新矛盾。这些新情况、新问题、新矛盾制约着学校发展，影响着教育教学的变革，如果不及时加以处理和解决，就难以使教育适应社会和学生个体发展的需求，难以达到预期的教育目标。由于这些问题或矛盾是伴随教育的快速发展和社会转型而出现的，原有的经验不能奏效，已有的老办法不能破解，教育科研因而成为解决这些问题或矛盾的前提和基础。以此来看，中小学教育科研是与学校自身问题的解决等结合在一起的，始终是指向学校自身的发展与变革的，它虽然不是学校发展与教师成长的充分条件，但无疑是必要条件。其次，我们也需要认识到，之所以提出中小学重视教育科研和教师参与教育科研的要求，正是因为学校在正常的教育教学秩序逐渐建立和完善以后，自身的发展越来越处于一个新的"高原期"，此时要凸显学校的特色，破解学校所面临的"瓶颈"问题，将学校的潜在资源提升到显在的层面上加以整合，使学校呈现出新的发展态势，就需要倚重学校自身的科研，通过教师广泛参与科研活动，充分发挥学校的优势，形成学校办学的新气象。

然而，许多学校或教师的教育科研似乎在很大程度上"遗忘"了这一出发点，科研的形态有了，但却没有直指学校的痼疾；科研行为有了，但却没有真正解决学校的问题。这样一来，虽然各个学校忙于申请这样或那样的课题，但课题研究的成果并不能为学校所用；虽然各个学校也倡导教师投入研究阵营，但这样的研究并没有切实转变教师的课堂行为以及与学生交往等其他行为，其结果是为研究而研究，为课题而课题。应该说，这是当今中小学教育科研中值得关注的一种不良倾向。

既然中小学教育科研是学校自身发展的要求，那么，在科研的指向上就应该自始至终围绕学校发展来进行，至少要通过科研达到以下几个目的。

一、解决学校实际问题

中小学教育科研要有清晰的问题意识，明确地认识到借助于研究想去解决学校的哪些问题、什么样的研究活动才能达到这一目的。许多学校的教育科研活动不能指向学校自身问题的解决，其缘由在于所确定的问题并不见得是学校自身的问题，并不一定是学校发展中难以逾越的障碍。问题可能来自专家，来自理论论著，来自其他学校。其实，在学校教育教学实践中，没有与教师日常生活紧密结合在一起的问题，就不会有教师研究的冲动；而没有研究的冲动，也就常常难以产生持续性的研究行动。今天，中小学有必要把解决学校实际问题作为一切科研活动的根本出发点和归宿，作为检验中小学教育科研行为的最终依据，从根本上杜绝没有问题针对性的学校科研，跨越学校教育科研与学校问题解决之间的鸿沟。

案例 1-1

××高级中学是一所具有 60 多年历史的苏南名校。自建校起，就被张家港西北部民众视为区域文化的制高点，是该区域内颇有影响的学校。近几年来，张家港市行政区划的调整和城市发展规划的逐步实施，给学校带来了前所未有的机遇和挑战。在新的历史时期，学校怎样才能获得各种力量的支持，不断提高学校的核心竞争力，实现学校的可持续发展？

学校领导和教师首先认识到，学校文化建设已日渐成为基础教育领域一件十分重要的工作，应该牢牢树立"只有优秀的学校文化才能孕育出优秀的学校教育"的观点，依托学校文化，塑造学校的品牌形象，打造学校文化力，提升学校竞争力，并逐渐提升核心竞争力，走特色办学之路，才能为学校发展创造新的契机。

按照这一思路，学校引入 SIS（School Identity System，直译为"学校识别系统"）的相关理念，开展了"学校个性形象塑造工程对学校管理的整合及其应用"的课题研究，从乡镇中学向新兴现代化城市中学转型的优秀高级中学这一实际情况出发，以科研课题为载体，将具有校本特征的"崇真文化"作为一种强势文化来塑造。

学校首先对"学校个性形象塑造工程"的内容进行了分析，认为至少包括理念识别、行为识别、视觉和听觉识别三个元素组成的系统，而且系统的结构形象是"一体两翼"，即理念识别是"躯体"，余下两个识别是"两翼"。

具体来说，学校组织理念系统是整个工程的核心，具备俯察学校现实、提出个性化的学校价值观、统领并指导学校行为和视听系统的功能，是学校意识形态的总和，是学校的上层建筑。该系统包括两个领域：一是学校的基本价值观，包括学校形象定位、战略目标、核心理念、学校精神与使命、校训、管理理念、服务理念、道德规范等；二是学校的事业取向，包括办学模式、办学特色与品牌的确立、课程理念等。

学校组织行为系统位于工程的第二层次，是师生在生活世界与科学世界中所从事的行为的规范，包括机构设置、制度建设、团队形象、公关策略、品牌运营、校本仪式、教学过程、课程计划、学生活动、教师培训等。

学校组织视觉系统是工程的表层结构，是学校文化的静态识别符号，包括以学校标识、校徽、标准字体、标准色等为核心的基本要素，以及这些要素在学校建筑、事务用品和对外传播中的具体应用。

学校组织听觉系统与视觉系统一样属于表层系统，是学校文化特征的形象化体现，包括校歌、课间音乐、作息提示音、口号等。

通过近两年的探索和实践，学校建构起了包括 15 个子项目在内的自身的理念识别系统和包括 4 个子项目在内的行为系统，学校的面貌也因此焕然一新。

（取材于陈国平、曹国庆《打造学校文化力，提升学校竞争力》，载《江苏教育研究》2004 年第 8 期）

二、提升教师教育教学水平

中小学教育科研还存在另外一个至关重要的目的指向，即通过科研转变教师的教学理念和行为，汇总教师的教学经验，积聚教师的教育教学智慧，将教师从繁重的机械性工作状态中解放出来，让教师真正成为教育智慧的创造者。从这一目的出发，学校教育科研活动有必要密切关注教师的生活状态和职业生存方式，围绕教师的专业发展来展开。要逐渐做到：透视一所学校教育科研的成效，要看它在多大程度上改变了教师，在多大程度上提升了教师的专业素养；要看是否借助于科研活动，带动了教师队伍的建设，促使一些教师脱颖而出。

案例 1-2

"忽如一夜春风来，千树万树梨花开。"新课改的实施、新教材的使用，为我校多维有效互动教学研究注入了强有力的促进剂，使我们的课堂教学焕发出勃勃生机和活力。回顾近三年的教学研究实践，我们明显感受到了令人欣喜的变化，那就是我们的课堂活了，我们的学生乐了，我们的教师更充实了。变化具体表现在以下几个方面：

变化一　教学研究为教师提供了新的教学理念和教学策略

从课堂表现看，教师的观念得到了很大的改观，随之变化的是教学行为、教学策略。课堂上，我们经常看到，创设生活情境，让孩子认识生活，探究生活。如学习《菜园里》，就在教室内四周摆放了许多新鲜蔬菜，让孩子们看一看、摸一摸、闻一闻、认一认，自然而然明白了：原来辣椒红红的、绿绿的，扁豆扁扁的，西红柿软软的、香香的……

也可以看到课堂不再局限在教室，老师把我们的学生带到了操场上、花园里、草坪上。一位老师在上口语交际课《找春天》一课时，就把学生带到了草坪上，席地而坐，让孩子们尽情融入大自然，去看、去摸、去闻，用自己的一切感官去感受、体会。结果学生没有了平时说话时的拘谨，一个个争先恐后抢着表现。

还可以看到，课堂上的教师不再是高高站立在讲台上，而成了学生的学习伙伴，参与到学生的学习活动之中。一位教师在上《小兔运南瓜》时，并没有告诉学生小兔是怎么运的，而是组织学生讨论"文中的小兔会采用什么办法运"、"如果你就是小兔，会用什么办法？请你用画笔画出来"，接着引导学生分析比较哪种方法最实用。结果学生的思维很活，令教师激动不已，没想到刚入学一个月的孩子能有如此大的潜力，于是教师也很快加入学生的讨论之中。

变化二　教学研究成为塑造科研型教师的一个广阔平台

课题开展以来，教学研究不再是"教学"与"研究"的简单相加，而是与教学活动本身紧密交织在一起。每一位参与实验的老师都在写教学日记、实验随笔。上完一节课，总要把自己的所感所思以课后小记的形式记录下来。其中既有对某个问题的困惑，也有成功的喜悦，更有自己的感悟。与此同时，我们的教研活动形式也出现了很大的变化，参与式、讨论式、沙龙式等研讨方式深受老师的喜欢。由此，我们深刻地感受到新课程为教师的思考、探索和发展提供了宽广的研究和发挥的空间，在这个过程中，教师在发展，学生在发展，学校也在发展。

变化三　教案不再是教师实施课堂教学的唯一依据

以往，我们在听课、上课中，常有这样一种感受：老师在课堂教学中试图构建"以学生为中心"的教学过程，但又常常被头脑中的"教案"所束缚，硬是把学生拽到自己的教路上来。结果学生没兴趣，老师也无奈。这种想放又放不开的矛盾状态常常扰得我们心绪不宁、烦躁不安。

现在，通过实施新课程，教师的观念有了一定的改观。大家普遍认识到课堂是动态生成的，教师不再为预先设计的教案完不成而发愁，会随时根据教学实际调整教学活动，充分让学生自主参与学习，自主读书，积极争论，发表意见，关注生命的原生态发展，使我们的孩子永远生机勃勃。

变化四　评价不再是老师的专利

现在深入课堂听课，看到的不再是教师个人的一锤定音，而是积极引导学生主体参与，关注学习过程，开展多元评价。多样的评价方式激发了学生学习的热情。如课堂上我们常常可以听到这样的声音："你说，这位同学读得怎么样？""他跟你比，谁读得更好呢？""我认为他说错了，应该是……""不对，我对他有意见！""我来补充……""现在你的朗读与第一遍读相比，哪一遍读得更好？"

变化五　学生的学习方式不再是单一、被动的接受式学习

一位老师在教人教版《四个太阳》时，课前不再像过去那样只备自己如何教，而是充分考虑学生的学习兴趣、学习体验，引导学生搜集有关太阳的故事、谜语、诗歌、歌曲……并让学生画自己最喜欢的太阳，再想想为什么喜欢。课堂上学生活跃了，有的举着自己画的四个太阳说："我喜欢有四个太阳，因为一年四季要有不同的阳光。春天的太阳是绿色的，夏天的太阳是火红的，秋天的太阳是金黄的，冬天的太阳是雪白的。"有的学生把太阳和月亮画在一起，说："我想太阳有个妹妹，她就是温柔的月亮。""我画的是公园里的太阳，她正在和鲜花比美呢。"学生的创造性思维被调动起来了。我们可以感受到在新课程的实践中，我们的教师既依托于教材，又不拘泥于教材，注重开发广阔的空间，让孩子们主动有效地参与到学习中来，完全改变了以往学生被动接受的局面。

变化六　课桌的摆放不再是整齐划一的"秧田式"

从改变学生座位入手，根据教学实际的需要，将过去的"秧田式"改为"马蹄形"、"圆形"等，使师生之间和生生之间的参与和分享成为现实。刚开学不久，我们根据新课程理念和多维互动教学的实践经验，提出了小组合作学习，许多老师都纷纷尝试。可是刚开始，让学生合作学习，学生却各干各的事，有的读书，有的认字，有的讲话，不到一分钟教室里就又吵又闹，叽叽嘎嘎，"老师，他打我"之类的告状声此起彼伏，往往使我们的教师不知所措。面对这样的情形，我们分析原因主要是学生缺乏合作的方法。于是老师们不断摸索，实践尝试，采取了一些措施，循序渐进，逐步培养学生的合作能力。应该说，现在进入我们的课堂，看到的学生合作学习是有序的，也是有效的。如学习生字时，让每个小组准备好生字卡片，课堂上请小组长带领组员认读、巩固，不会读的相互帮助，效果良好。

学生"告状"的内容不再是相互间的纠纷，而是"老师，他没有发言"、"他说错了"，等等。在不知不觉中，学生的学习方式正在悄悄地发生令人欣喜的变化，我们的老师也在其中得到了提高。

变化七　不再把学生的视野束缚于课堂之内、学科之内

《语文课程标准》在"教学建议"中提出：语文学习"应沟通课堂内外，充分利用学校、家庭和社区等教育资源，开展综合性学习活动，拓展学生的学习空间，增加学生语文实践的机会"。以往我们上完课后总是让学生抄写生字、读课文。如今，我们不再将学生的视野和情感束缚于课堂内，束缚于老师定下的框框内，而是鼓励学生自主地进行语文实践活动。如我校张苏云老师上人教版第一册古诗《小池》一课时，在学生自读感悟古诗意境后，大胆地引导学生用自己的画笔画出初夏的景色。结果学生的想象力特别丰富，感悟力特别敏锐，大多画出了尖尖的小荷、停飞的蜻蜓、涓涓的溪流、和煦的阳光。同时让学生有声有色地开展配乐朗读，进一步加深对古诗的理解感悟。王婷老师上地方课程宣传安全教育的《红绿

灯》一课时，课堂就放在了操场上，模拟十字路口做游戏，让孩子在愉快的游戏中明白了基本的交通规则。

变化八　更关注学生的情感态度，使课堂成为自信进取的空间

现在的课堂上，教师和学生的关系不再是隔绝的，也不像以往那样为了"表演"而强扭在一起，而是在真实的教育情境中自发和自主地建构起来的。如楼老师上《荷叶圆圆》一课时，以"让学生展示"为线索组织教学，充分关注了学生的好表现心理，使学生在不断的展示过程中得到老师、同学的鼓励、赞赏，体验成功的愉悦，激发了学生学习的自信。课堂变得越来越鲜活。

总之，归结起来一句话，那就是：我们的课堂、我们的教学充满了生机与活力。

（取材于浙江省义乌市外国语小学"多维有效互动课堂教学"课题研究成果，由方敏老师撰文）

三、促进学校持续发展

中小学教育科研活动要为学校发展提供后劲，在解决学校当前问题的同时，提出后续努力的方向，进一步明确后续科研要探索的路径，通过持续不断的科研，使学校步入良性发展的轨道。学校的问题是层出不穷的，常常是一个问题解决了，新的更难以解决的问题又冒出来了，学校的科研活动也因此不能一蹴而就，需要在一轮研究活动结束、解决了一个问题的同时，设计新的研究计划或方案，去解决新的难题。这样，就需要学校将教育科研活动当作经常性行为，将科研作为学校发展的持续动力。在检验学校教育科研活动时，在着眼于是否解决当前问题的同时，还要看它在多大程度上为学校的后续发展提供了支撑。

案例1-3

案例1-1所提到的江苏××高级中学，虽然在学校个性形象塑造工程研究上取得了一定的进展，但学校领导和教师清醒地认识到，形成一所学校的独特文化是一项长期的系统的工程，还有很长一段路要走。下一步学校文化建设的重点主要有：

其一，进一步明确学校文化建设的方向。学校领导首先是"教育思想的领导"，校长要有自己的办学思想，不能人云亦云，重要的是亲历改革的实践，通过实践形成自己的办学思想。当然，学校发展主题应该在现代教育发展共性与个性之间找到结合点，这样才会有各个学校文化的特色。

其二，加强校本研究，形成学校共同价值观。共同价值信念应体现在两个方面：一是校长的先进办学理念得到全体教师的广泛认同，二是先进理念能够转化为全体教师的自觉行动。为此必须强调师生的共同参与、共同建设，要通过大力加强学校教育科研，促进这一组织目标的实现。校本教研制度，是解决学校改革与发展问题、教师教育教学问题的一种实践和创造活动，其目的就在于形成一种积极研习的教研组文化，继而形成学校共同价值观。

其三，探究文化管理，激发学校创新活力。当代管理理论发展的大趋势是从强调刚性管理走向强调以人为本的柔性管理，文化管理便是新兴的一种人本管理理念和模式，它着重研究组织如何把每一个成员的个人智慧最大限度地加以开发和整合，形成组织的集体智慧，提高组织的应变能力和创新能力。它包括组织决策的民主参与、组织知识的分享与创造，以及相应的制度保障等。这一系列全新的课题需要去探究，以期建立一种既富有组织成效，又让每个成员达到自我实现的管理文化。

其四，学校文化不应该停留在"传承文明"的基础上，还要履行起传播和创造新文化以引领和推动社区发展的文化使命。学校文化的建设是学校与其所在的社区共同构建学习平台的历程与氛围。这样的平台承载的是共同经验的积累，因为共同经验的积累而产生共同的语言，因为共同的语言而产生共同的行为模式，因为共同的行为模式而创造出共同的价值。学校应成为发展社区文化的精神堡垒，成为高举社区亚文化红旗的旗手。

（取材于陈国平、曹国庆《打造学校文化力，提升学校竞争力》，载《江苏教育研究》2004 年第 8 期）

以改进实践为指向的中小学教育科研，需要学校方方面面将科研作为学校发展的内在需求，改变科研可有可无、科研是教师"身外之物"的看法和认识，改变学校科研活动只是围绕一个固定的课题所做的单一周期的研究的做法，改变学校教育科研为学校局外人所垄断的局面，将科研与学校发展的命运联系在一起，与学校特色的形成和品牌的创建结合在一起。只有这样，学校教育科研才大有可为，向科研要质量、向科研要成效、向科研要品牌才能真正得到落实。

第二章　行动研究：教师教育研究的定位

　　什么样的研究才是中小学教师所需要的研究？什么样的研究才是属于或者说适宜于中小学教师的研究？对这一问题的回答，直接涉及中小学教师教育科研的指向，关涉中小学教师教育科研的功能和定位。在实践中，对这一问题的回答不同，采用的研究方式以及研究所能达到的效果常常大相径庭。

一、教师从事研究的四种取向

　　我曾有幸接触过四位中小学教师的科研论作，大体体现了四种不同的研究取向。第一位教师在中学工作，积十年之功，撰写了一部《素质教育原理》。他在与我的联系和沟通中，谈到自己的这部著作有着十大理论突破，如对素质教育与全面发展教育关系的认识、对素质教育含义的分析、素质教育的历史发展轨迹等，可以说在这部近20万字的著述中探讨了素质教育的一系列理论问题。第二位教师撰写的是一篇学习方法方面的论文，他首先详尽论述了美国心理学家加涅的学习理论，介绍其是如何博采行为主义、格式塔心理学、人本主义与控制论等众家之长，从各流派中汲取所需要的成分，并把它们融合进自己的理论中去的；然后再叙述自己在此基础上形成的关于学生学习的基本观点，即在课堂教学过程中引导学生掌握的学习方法。洋洋洒洒，不下万言。第三位教师写的是一篇名为"把握时代精神，开展主体教育"的文章。文章谈到自己在教学工作中的一些"有益的尝试"：弘扬人的主体性，唤起人的主体意识；改革优化课程体系；

改进教学组织形式；改进教学方法与模式等。第四位教师积累了大量的教学反思笔记，汇总了一系列教育教学案例，并且在此基础上形成了自己对教育教学实践的感悟、领悟。在实践中，她始终在思考如何使自己的教育教学变得更贴近学生需求，更接近新课程改革的要求。在一堂听说训练课《做书签》后，她记录下自己这样的反思：从这堂课暴露出来的问题看，运用其他一些方法可能会更好地达到教学要求。比如："让先做好书签的同学和尚未做好的同学进行组合，组成学习小组，互相帮助。这样既能让动作慢的一些同学也体验到做书签的整个过程，又能节省不少时间，使后来'说'的环节开展得更充分，更好地完成本节课说话训练的任务，同时也能培养学生间的合作精神……"类似的反思与案例不一而足。

第一位教师的研究在一定程度上是基础研究，目的在于探索新知识、发现新规律、说明新关系。这种研究似乎更多地属于专业研究者的"专利"，虽然中小学教师也可介入这种研究之中，但常常会因为占有资料、研究时间、思维能力等方面的限制而事倍功半。并且这种研究是外在于中小学教师的，即中小学教师做这种研究需要"另起炉灶"，因为其与自己的日常教学实践并不见得有什么必然的联系。从这位教师提供的这本著作来看，他自认为是理论突破的内容，在很大程度上在学术界已经耳熟能详了；他自认为新颖的创造，在很大程度上在学术界已经成为老生常谈了。

第二位教师的研究大体上属于应用研究。应用研究旨在将基础研究的成果应用于教育实践。其实，这预先隐藏着一个假设，即基础研究的成果都是有效的，都是可以付诸实施的。如此一来，不管有意识与否，赋予了基础研究以绝对的权威。同时，在应用研究中，专业研究者与中小学教师是相互分离的，分属于不同的领域，有着明确的分工。专业研究者专事研究，中小学教师则负责将研究成果付诸实行。也许双方都不是有意识地区分上下尊卑，但事实上，中小学教师的行动，特别是改进教育教学工作的措施，被专业研究者一厢情愿地决定。专业研究者无意识地凌驾于中小学教师之上。

第三位教师的研究看上去似乎是经验总结与概括，但又不具备经验总结的针对性强、经验介绍详尽、问题具体明确等特点，所以只能说是一种"抽象的"经验总结。这种研究没有第一位教师那种就理论而理论的玄妙说理，没有像第二位教师那样依循既定理论给理论做实践注脚，但是也没有形成对自身实践的独到透视，还只是停留在一般的、抽象的层面上分析问题，缺乏对具体问题的关照、对具体情境的省察、对具体实践的反思，从总体上仍旧是"用自己的嘴巴说别人的语言"。

相比之下，第四位教师的研究更为可取，在很大程度上是教师应该在实践中采用的研究类型。她把自己的教育教学活动作为研究对象，持续不断地对教育和教学行为进行反思，从而汇总自己的教育智慧，提升自己的教育教学水平。这种研究至少在两个方面与前三者不同：第一，研究的问题是产生于实际的工作情境之中的，并且研究的进程是从实际情境出发，根据实际情境的需要，随时检讨，不断修正的。第二，研究是教师对自身实践所进行的有意识的、系统的、持续不断的探究反思，它在突出教师实践的"研究"特征的同时，也突出了教师作为研究者的角色。研究过程中自始至终都贯穿着对教师自我反思的要求。这种自我反思，对于教师个人而言，是一种学习过程；对于教育实践而言，是找到针对即时情境问题的解决方案的有效途径。

二、教师从事研究的基本特征

第四位教师所做的研究，也就是中小学需要大力推进和开展的行动研究。总体而言，这种研究有着区别于其他研究的一些特点：

其一，以提高行动质量、解决实际问题为首要目标。

行动研究关注的不是学科中"纯理论研究者认定的'理论'问题"，而是中小学教师们日常遇到和亟待解决的实践问题。所以行动研究不囿于某一学科的主张或某一种理论知识，而主动容纳和利用各种有利于解决实际问题、提高行动质量的经验、知识、方法、技术和理论，特别重视实际工作者对实践问题的认识、感受和经验。这正如同西方一些学者所指出的："行动研究的目的在于透过科学方法的应用，以解决课堂内的问题。它关注的是特定情境中特定的问题，不重视研究结果是否可以类推到其他不同情境，也不强调研究变量的控制及操作问题。行动研究主要在于解决特定问题，不论研究场所是在一个教室还是多个教室，教师始终是行动研究的主要研究者。行动研究的价值虽然对推动科学进步助益不大，但是其解决问题以及应用的即时性，对于解决教育实际问题提供了一种有效而科学的方法。"（L. R. 盖伊）

案例 2-1

上海市闵行区昆阳小学于 1976 年建校，是一所五年制小学。全校共有 14 个班 461 名学生；教职工 50 人，专职教师 38 人，有高级职称的教师近 30 人，获上海市园丁奖的有 2 人，获闵行区园丁奖的有 6 人，年龄在 50 岁以上或教龄在 5 年以下的各有 5、6 人，大多数教师年龄在 25 至 45 岁之间。1998 年初，闵行区教育局要求各学校在课堂中进一步实施素质教育，树立改善课堂的教学气氛，促进师生平等，给学生较多自主权的教学观。在这一力量的推动下，各学校开始着手改进自身课堂教学行为。

一、问题

1998 年 2 月，春季开学后，昆阳小学校长王正明像以往学期开学初一样，走进了课堂，了解教师的教学情况。连续听了几位教师的授课后，他发现授课的教师都有一个共同的特点，那就是在一节课内几乎不离开讲台一步，靠在讲台上只顾自己滔滔不绝地讲，而丝毫不顾及学生的接受程度和反应。而学生也是端端正正地坐在座位上，只等着教师提问。他在关注这种场景时，突然感觉到讲台就像一条人为的鸿沟，隔断了师生之间的互动，使得课堂气氛显得死板僵硬。教师像权威似的随意支配学生，学生在课堂上完全没有了自主权。

二、问题的解决

起初，对于如何改善课堂教学的气氛，王校长在头脑中并没有一个明确的策略，但在听课中，注意到教师和学生的行为表现的时候，王校长的想法越来越明确起来。在校行政会议上，王校长作出了"讲台靠边移"的决定，即把放在黑板前正中的讲台移到墙边，借此来调整课堂上教师与学生的关系，改善课堂教学的氛围。

刚开始实施时，大约只有10%的教师基本上没有受到讲台靠边移的影响。这些教师平时在课堂上就比较注意与学生沟通。讲台靠边移以后，他们就更从容自在地与学生一起讨论、学习。而大多数教师在没有讲台的黑板前讲课显得很不自在，约有70%的教师仍自觉不自觉地将自己的位置往靠了边的讲台移，但又发现自己太偏离学生，只好离开讲台走向学生。还有一些教师干脆站在原来放讲台的位置，仍然自行其是地讲课。但由于没有了讲台，感到很不自在，便无意识地缩短自己讲课的时间，并逐渐意识到只有让学生说话、活动或自己走到学生中间，才能改变窘境。

移动讲台这个小小的举动，使教师的教学心态及教学行为有如此复杂的反应，是王校长事先没有完全估计到的。这种现象同时也引发了他更深层次的思考：这小小的三尺讲台在课堂教学中果真如此重要吗？为了了解教师和学生对这个问题的真实想法，王校长召开了关于"讲台靠边移"的教师和学生恳谈会。在恳谈会上，教师和学生都谈了自己的想法。

教师的想法主要有以下几种：

其一，教师把讲台作为身体的支架、传播知识的喇叭，讲台靠边移后，上课很不自在，好像没有了教师的尊严。

其二，讲台靠边移后，站在学生面前似乎很尴尬，自己一个人讲的时间少了很多，总是无意识地走到学生中间去。

其三，讲台移了以后，好像填补了师生之间原有的鸿沟，教师出入学生座位之间更方便自如了，师生共同参与的教学活动也多起来了。

其四，现在上课，课堂气氛活跃多了，学生不像以前那样见到教师就拘束，而是不停地发言、质疑和提问，难住教师的问题还真不少。

学生的想法主要有以下几种：

其一，讲台靠边移后，不仅使教室的空间增加了，而且学生上下黑板、出入教室也方便了许多。

其二，讲台靠边移后，教师讲的时间比以前少了许多，与同学一起讨论、个别辅导的时间多了起来，我们更喜欢老师了。

其三，讲台靠边移后，教师常在学生身边批改作业，所以上课时学生尤其是成绩差一些的学生，胆子大了许多，举手发言更积极了。

王校长在归纳教师与学生提出的不同想法的基础上，进行了分析，觉得讲台靠边移还是利大于弊的，不失为课堂改革的好举措。因为从课堂教学事实以及教师与学生的反应来看，讲台靠边移以后，至少产生了几方面的变化，比如：讲台靠边移，有助于师生互动，使师生关系更为融洽；迫使教师在课堂上少讲一些，把更多的时间和学习主动权交给学生，学生主动参与课堂的机会增多了，学习的积极性提高了；教师的角色也在逐渐调整，越来越成为学生学习上的帮助者和指导者。

这次恳谈会反映的情况，坚定了王校长继续做好这件事的信心和决心，与此同时，他也冷静分析了产生这些良好倾向的主客观原因。

原因之一：讲台靠边移后，教师站在学生面前少了一种依靠，没有了高高在上的心理，大多数教师会感到不自在，要改变这种不习惯的状况，势必导致教师尽量缩短站在学生面前滔滔不绝地讲授的时间，并且在学生中间寻找较为缓和、能平衡心态的位置。这样一来，教师就会无意识地走到学生中间去。

原因之二：讲台靠边移后，教师在课堂上没有了批改作业的位置，不得不走到学生旁边批改作业，无意之中增加了个别辅导学生的时间。这样，就为融洽师生情感创造了良好的条件。

原因之三：讲台靠边移后，似乎拆除了师生间交流的障碍物，师生间双边互动随意了许多，教师和学生都减轻了心理压力，有利于师生间的充分交流和合作，使课堂效益得到了提高。

王校长感到，移动讲台完全可以成为改变课堂教学气氛的切入口，成为融洽师生感情的结合点。

经过一个学期的观察、探索，讲台在昆阳小学课堂教学中的作用越来越小，于是就于1998年9月，在全校取消了讲台。

三、后续问题和困惑

昆阳小学取消讲台已经有三年多的时间了。在这段时间里，教师感受到了取消讲台给师生关系带来的可喜变化，同时也发现了一些需要探讨和思考的问题。这些问题和困惑集中反映在这样一些方面：

少数教师尤其是中老年教师至今仍感到不适应，有个别教师又恢复到原来的教学状态；还有的教师认为学校领导取消讲台是赶时髦，觉得讲台是教学用具，一直都存在，取消了讲台，并不能推动课堂教学改革。

取消了讲台，教师遇到的最大挑战是对每堂课教学内容的把握。有讲台时，写好的教案放在讲台上，课堂的教学随教案走，虽然死板一些，但万无一失，忘了就可以看；取消讲台，教师就要将教学内容熟记于心，脱稿讲课，随时准备应答来自学生的问题，同时还得保证教学主题不变。这对于很多教师来说，不是一件容易的事情。

现在不少教师还面临着另外一个问题，就是由于师生关系的融洽，学生课上发言的机会多了，发言的人次多了，但发言涉及的内容常常是多方面的，有时难免偏离教学大纲。如果教师生硬地打断学生的话，又会限制学生的自主发言，甚至影响已经重建的师生关系。如何处理好学生自主发言和教学任务完成之间的关系，一直是困扰某些教师的问题。

王校长也注意到了这些问题，并采取了一些措施：一是重新制定了符合素质教育要求的课堂教学目标，由主要评价教师讲得如何好、课堂组织得如何井井有条，转为主要评价教师与学生的互动状况和学生课堂参与的程度及教师的应变能力；二是改变了教案检查的标准，由原来的检查详细教案，转为只检查每堂课的教学设计纲目，并加强了听课；三是构建新的课堂教学模式，为了使教师少讲，提出了课堂教学结构三个三分之一的总原则，即教师在一节课中讲授时间不得超过三分之一，课堂上留给学生作业、学生作业评价和教师个别教育的时间控制在整个课堂教学时间的三分之一。

这些措施虽然对上述问题的解决有所助益，但仍有一些问题不同程度地存在着。

（由华东师范大学教育学系李海芬等撰写，郑金洲指导）

行动研究把解决问题放在第一位，并不等于它无助于也不关心"一般知识"和"理论"的发现、产生。它只是更强调从具体、特殊到一般和普遍；更强调将已有的理论和知识体现在从抽象到具体的过程中；更强调渗透在行动计划中的经验和理论都须受实践的检验、修正、补充甚至证伪；更强调知识和理论说到底还是来源于实践，并在实践中体现其有效性和真理性。

其二，以研究过程与行动过程的结合为主要表现形式。

长期以来，由于社会分工的影响，教育科学研究已渐渐蜕变为一群特定的人所从事的特定的活动、一种与实际生活毫不相干的"学术游戏"，教育科学研究与实际生活脱离、研究者与实际工作者脱离，已经成为教育研究中的一大痼疾。行动研究则通过要求实际工作者系统地反思或与他人共同研究自己的工作过程、环境和问题，通过要求专业研究者深入现场，直接参与从计划到评价实际工作的过程，与实际工作者一起研究他们面临的问题，使实际工作过程本身变成一个研究过程，也使研究过程变成一个理智的工作过程。这样，行动研究就在解决问题的过程中，为研究者和实践者共同参与研究和工作，为研究和实际工作的结合提供了结合点，或者说一个共同活动的行动"场地"。这种研究活动间的结合和合作，一方面使中小学教师可以从专业研究者那里获得必要的研究技能，改变对教育教学的职业感情；另一方面使专业研究者既可从真实的教育情境中获得第一手的教学改革信息，又可以通过合作使自己的理论研究成果更容易为中小学教师接受，较快地应用于教育改革实践。

案例 2-2 "商不变性质"的教学实践与反思

商不变性质是除法运算性质中的一个重要内容，是学习小数除法、分数基本性质以及比的基本性质的基础。因此，我的理解是"商不变性质"这节课的重点有两个：理解规律和应用规律。对于难点，大多数老师认为是理解商不变性质，但我认为应该是正确应用商不变性质，因为这既是最终的学习目标，也是学生是否理解的最真实的表现过程。

我设计的思路是简化引入部分，突出发现部分，强化应用练习。

整个过程是按"问题探究验证概括应用"设计的：引出问题，激发动机；探究问题，提出设想；验证设想，概括结论；应用性质，强化结果；总结引导，再起波澜。

一、教学实施过程

（一）引出问题，激发动机

1. 你会做吗？

$36 \div 4 = 3600 \div 400 =$

那：3600…0÷400…0＝

（2000 个 0）（2000 个 0）

问：说说你的想法或为什么可以这样做。

2. 引：在被除数和除数都变了，商却不变的算式里肯定有一个规律，你们想不想把这个规律找出来呢？

3. 揭题：下面我们就来研究商不变的算式里，被除数和除数的变化规律，解决"被除数和除数（　），商不变的问题"。

（二）探究问题，提出设想

1. 用 1、2、3、4、6、8、12、18、24、36、72 写算式□÷□＝3。

2. 整理算式，并观察比较，你发现了什么规律？学生独立探究，教师巡回指导。

学生自我小结：被除数和除数（　），商不变。

3. 师生小结（用覆盖片）

①被除数和除数同时乘以同一个数，商不变。

②被除数和除数同时除以同一个数，商不变。

③被除数和除数同时乘以或者除以同一个数，商不变。

（三）验证设想，概括结论

1. 举例证明你发现的规律是否正确。（略）

2. 练一练：在□内填数，在○内填运算符号。（略）

3. 强调注意点，总结结论。

被除数和除数同时乘以或者除以同一个数（0 除外），商不变。——商不变性质

（四）应用性质，强化结果

1. 独立选择性练习。练习的时候，大家有三个权利：可以任意选择一组题目练习，次序可以打乱；遇到难题可以先跳过去不做；有问题可以看板书或书本。

2. 独立练习，出示 5 组练习。（略）

3. 小组讨论练习中遇到的问题。

4. 汇报检查。

5. 质疑问难。

6. 速算比赛。

（五）总结引导，再起波澜

1. 你现在会算"3600…0÷400…0＝"了吗？

　　　　（2000 个 0）（2000 个 0）

2. 总结商不变性质：今天学会了什么？有什么用？你有什么想法？

3. 再起波澜：

你已经知道了商不变性质，那么，被除数和商（　），除数不变；除数和商（　），被除数不变。

二、课后反思

这样的设计我还是第一次做，就像学生需要探索式学习一样，教师也需要探索。应该说，这节课上，学生探索的成分是增加了一些，但有许多不足之处是课前我没有预料到的：一是学生缺乏交流的热情，独立探索的成分偏重，而交流互动的机会不足；二是很多东西并没有老师事前设计的那么圆满，对好多设计学生并不领情。因而我在思考，在多维互动的教学中，学生自主性增强了，教师就应该调整并扮演好角色，设计教学时应该考虑学生的需求，要他们领情，还有就是老师要尽可能地给学生创造交流互动的时间和空间。

（戎曙光《课堂因学生的主动探究而精彩——"商不变性质"教学实践与反思》，载《现代中小学教育》2006 年第 4 期）

其三，以教师对自己从事的实际工作进行持续反思为基本手段。

从行动研究的立场来看，中小学教师作为研究者参与研究是完全可能的，因为教师在教育教学实践当中，有明确的实践目的、责任，能够体察实践活动的背景以及有关现象的种种变化，能够通过实践检验理论、方案、计划的有效性和现实性。他们对实际问题具有"局外人"——专业研究人员——难以替代的认识作用。并且，教育活动目的的达成程度、实际工作的效率虽然不完全取决于教师对教学计划方案、环境和行动的理解，但是总也离不开他们对教学实践及其蕴涵问题的理解。教师参与研究、从事研究，以教育教学实践中的问题作为研究的出发点，实践者同时也是研究者，研究结论同时也是下一步所要采取的实践措施，由于在这个过程中研究主体与实践主体紧密联系乃至同一，研究与实践也就达到了新的高度的统一。行动研究使教师的研究比日常行为具有更严格的程序，从而使教师的行动建立在一个合理的基础上，确保实践得到提高。

案例2-3

今天，当我们的课程改革正逐步走进校园，新课程理念正日益走近教师的时候，我们的数学课堂教学，是否悄然地更新了呢？还在追求教案精心设计，有条不紊地实施，以期达到行云流水的效果吗？还在怀旧地在讲台前动情地直抒情怀、指点迷津吗？反思我们的数学课堂教学，我们是否一次次千方百计地把孩子们引领到自己设计的教程？我们是否通过循循善诱的启发把孩子们的思维束缚到自己预设的标准答案中？我们是否通过让学生一次次地复述，把教师总结出来的条文纲要搬运到他们的脑海中？我们是否经常科学、艺术地设计并控制课堂的密度、节奏、气氛和情绪？有没有把孩子的已知设想成难点，而扼杀了孩子出乎意料的未知？……

一次次聆听教授、特级教师们的教诲，细细拜读叶澜教授的指导理论，沐浴着课程改革的阳光，让我有了一点点的"豁然开朗"。数学课堂只有坚持动态生成式的教学，才能使课堂真实地充满生机，让师生切实互动发展。叶澜教授早就在《新基础教育》中提出了动态生成的观点，她指出课堂中不能机械地按原先设定的一种思路教学，而应该关注学生的学习情况，并根据学生的学习情况，由教师随时灵活地调整教学过程，设计和组织后续的教学活动，生成新的超出原计划的教学流程，使课堂处在动态和不断生成的过程中，以满足学生自主学习的要求，真正使学生成为课堂教学的中心，体现教师是为学生的学习服务的。动态生成式的课堂，不图省事和形式，追求真实、自然，敢于放手，敢于暴露意料之外的情况，使师生的思想情感能得到淋漓尽致的表达，能再现师生真实而自然的生活情景，成为师生互动发展的天地。

现实教学中，课堂上出现的情况千差万别，一旦放开便难以收场，难以调控，顺着学生的思路去教，有时很难确保完成预定的教学任务，怎么办呢？让我们牢记教育过程的主人和主力是儿童自己，教师不是"救世主"、"上帝"，我们只不过是儿童自主发展的服务者和仆人。当一名优秀的服务员就该从工作实践中不断提升自己的服务水平，就该从日常的师生互动的课堂中不断地像儿童的学习那样一点点地成长自己，让自己的教育能力上升到教育智慧的高度。

面对新课程动态变化的课堂教学情况，积极的应对策略之一是对课堂教学进行"二度设计"。所谓"二度设计"，是指第一种教学设计之外的教学设计，它是以"以学生发展为本"等新课程理念为依据的新型构想，是面对新课程动态变化的课堂教学情况的一种积极应对策略。我们要变一成不变的教学设计为计划与动态相结合的教学设计；改变传统教学教案牵着教师走，教师牵着学生走的现象，努力实现新课程促进学生、教师发展的目标。教师上课时必须根据学情对备课中的教学设计及时作出调整，故其教学设计只能是"大体则有，定体则无，随学而改，因学而变"。斯苗儿老师很早就提出了教学的"板块设计"，为的就是应对课堂的生动灵活性。我的体会是，先确定出具体的教学目标，课前设计教学过程只要求写出一个大体的轮廓，教学环节简化，但学案有多种或多个，舍弃过去那种亦步亦趋的"小步子"做法。这种弹性化的多重的教学设计能为课堂教学留下不确定性的空间，让教师在课堂上能把主要精力用在关注学生的学习状态上，而不是记忆教学预设的推进过程上，有利于教师在复杂多变的教学中捕捉新的契机，在课中进行"二度设计"。课后写写教学反思，再一次改进教学设计，那就是课后的"二度设计"了。

一、课前"二度设计"——多份把握

动态生成式的教学，突出了学生的主体性，让学生自主学习，学生必定会出现多种不同的结果，教师备课时必须充分考虑会出现哪些情况、每种情况如何处理，把方案一一写出来，做到有备无患。课前"二度设计"更多的是关注学生思维方向、方法多样性的可能性，考虑是肯定还是否定抑或是引导。教师在教学中应尊重学生，顺应学生的思维方向，积极呵护学生的不同思维方法，激励创新。结合采用北师大版小学数学第一册教材的教学实践谈谈实践体会，如：教学"操场上"，学生提取什么数量信息来提数学问题就先解决那个问题，有学生提出踢毽子的人和不踢毽子在旁数数的人比比看，谁多谁少，那我就以此作凭借引导学生解决这类问题。任教的两个班级所找的信息不同，具体问题也就不同了，其教学过程也就有了差异。如：教学"乘车"时，其中一个班的学生先提出乘公共汽车时常常是前门上后门下，那我就趁势引导学生先学习加减混合的算式；另一个班先发现逐次上车的情景，那就先学习连加算式。事先预料一下学生思维方向的可能性，在课堂中就会做到有备无患、胸有成竹、满足需要、调控自然。

二、课中"二度设计"——动态生成

课中"二度设计"是指在上课时采用灵活应变的教学策略，这种设计具有灵活性和生成性，与执教者的应变能力、调控能力有很大关系。一般说来，课中"二度设计"更多的是关注学生的学习活动过程，关注学生思维的方向和策略，关注学生的情感态度。当我们发现学生的思路偏离教学设计方向时，就必须进行调整，使教学活动顺利进行；当我们发现学生缺乏冷静时，就有必要进行调控，让学生静下心来独立思考；当我们发现学生的能力超前或滞后于教学计划时，就必须及时调整教学目标和教学进度。如：教学"可爱的企鹅"时，面对已知总数和一部分数，求另一部分数的情景，学生习惯地用加法计算，我并没有用自己减法的思路去套学生，而是采取延迟评价，让学生欣赏这种方法，既而引导学生："能不能用减法算呢？比比两种计算方法的异同，你喜欢哪一种？"练习"小狗爬台阶"时，孩子们想象丰富，适时地放飞童言，我们抓住了思想教育的良好契机，充实了给予他人鼓励、帮助的情感体验。教学中遇到学生情绪高涨，都想发言时，适时让学生在小组里说说，既做到面向全体，满足学生的表现欲望，又提高了效率。

新课程中的一堂课究竟会有什么样的教学过程，我觉得远远不是在备课的时候能够完全了然于胸的。我们需要循着学生的认知曲线、思维的张弛、情感的波澜，随时调控教学环节。课堂上，教程应服务于学程，应当以学生的问题作为课堂教学的路标。教学内容从学生的疑问中来，使解疑释疑成为学生的主动需要，使孩子们真正成为学习的主人。以孩子的"?"

为教学路标，弥补备课远离学生实际的缺憾和弊端，寻找师生沟通的捷径，避免课堂诸多的无效灌输，孩子的"？"引发的课堂是个开放的、动态的、多变的、极具生成性的系统，整个教学过程是教师有意识使学生不断生疑、主动质疑、共同释疑的过程。课堂是一个生动的问题情境，是让学生活跃思维、急中生智、交流发展的智慧场。叶澜教授指出："在上课时，教师要学会倾听，把注意力主要放在学生身上，要学会及时作出合适的应答，通过多向交互作用，推进教学过程。"我认为老师应该待在孩子中间，以孩子的身心来激起学伴的学习积极性，激起孩子探讨、发现知识的愿望，共同总结获取知识的途径、方法，发展孩子的元认知水平；应深入孩子的心里去，和孩子一起从相同的起跑线出发去经历知识获取的过程，一起经历企盼、等待、焦虑、兴奋等心理体验，与孩子共同分享学习的快乐。

三、课后"二度设计"——反思进步

课后"二度设计"实际上是指上课之后的教学反思（或教后记），可以把具体内容写在教学设计的右边或最后。一般说来，课后"二度设计"关注的是教学活动全过程。叶澜教授指出："一个教师写一辈子教案不一定成为名师，如果一个教师写三年反思有可能成为名师。"可见，课后的"二度设计"不失为一种促进教学，改进教学策略，不断提升自己教学水平的好方法。如：教了"复习与整理"，发现教学内容的课时安排与实际教学有较大不同，我及时写了教后感，分析原因，设想下一次的教学过程可以如何调整。

叶澜教授指出："教师只要思想上真正顾及了学生多方面的成长，顾及了生命活动的多面性、师生共同活动中多种组合和发展方式的可能性，就能发现数学课堂具有生成性的特征。"由此我认为课堂教学不需要精雕细刻，课堂不是舞台，教案不是剧本，教师不需按部就班的表演。教师的作用在于营造气氛，适时调控，巧妙点拨，以激发学生多层面的思维，多角度的理解、体验，并在课堂教学中去感受自己作为课堂教学创造者的尊严与欢乐。

（由浙江省东阳市外国语小学丁丽华老师撰写）

汇总相关的研究以及近年来我对中小学教育科研性质的思考，大概我们可以对教师从事的中小学教育科研作出以下界定。

1. 是教师自己既是研究工具同时又是研究对象的研究

任何研究都需要以自己作为研究工具，研究者的研究态度、知识水平、能力结构等直接影响着研究的进行，中小学教育科研也不例外。在教育教学研究中，教师除了选择研究方法、运用相关的技术手段外，是把自己作为研究工具实施研究的。教师是研究活动中重要的因素，是用自己的观察和思考探究着教育教学活动的诸多问题。值得注意的是，教师在研究中并不是将自己仅仅作为研究工具来"使用"的，非常重要的一个方面是，教师还必须研究其自身。要在研究中分析自己的教育理念，考察自己的教学行为，思考自己的努力方向，找寻自己的利弊得失，也就是说，自始至终要研究自己的变化、自己的知行、自己的成长。离开对自我的研究，一味关注外在的对象和事物，教师的研究也就在很大程度上失去了意义。这一点与专业研究者的研究表现出极大差异。许多专业研究者只把自己作为研究工具，客观地分析外在于自身的研究对象，没有把自己的研究与自我的成长发展有机结合在一起。比如，我们很少看到讲授教学理论的教授本身就是教学的能手，他们在条分缕析地讲述教学原则的时候，几乎都是以违反教学原则的方式来进行的，讲启发式用灌输的方法，讲直观性用抽象的语言，讲科学性与艺术性相结合用非艺术手段。其实，这并不是教育学或者教学论这一门学科存在的问题，其他学科也同样存在类似的缺陷。对专业研究者来说，他不把研究对象从物扩展到人、从客观存在推延到主观自我，不太会影响自己的研究，甚至还可以在一定程度上保持自己的"客观"立场，但中小学教师则必须把自己牵涉其中，使自己在研究中成长，在反思中发展。

2. 是以实践问题为中心的研究

研究始于问题，这是基本的常识。相对于专业研究者的研究，教师从事的中小学教育研究更强调问题意识的形成、问题的捕捉与把握。对专业研究者而言，即使研究没有明确的问题针对性，研究成果也可以发表，甚至还可以产生一定的学界影响。但对于中小学教师而言，如果研究没有问题指向，尤其是没有实践问题指向，其成果基本上就没有任何意义，没有存在价值。

中小学教师的研究，没有问题是最大的问题；其次，有了问题没有找对问题也是不小的问题。从今天的教育教学实践来看，我们不是没有问题，而是问题成堆、问题成灾的，这些问题存在于教师的日常实践中，存在于教学的方方面面。而这些问题，又几乎没有正确的答案，专业研究者提供的理论准则充其量只具有解释和说明的意义，远没有到解决的地步。况且，这样的问题又是海量的、常态的、具体的，是专业研究者的研究所不擅长的。我一直认为，教育教学改革越深入，专业研究者的作用也就越有局限，因为他们的生活空间、文化背景、志趣追求等都与具体学校实践有较大差距，这样一来，教师就只能成为自己的"救世主"，只有投身于研究之中，才能将自己面临的问题认识清楚，切实找到解决问题的方法。

教师研究以实践问题为中心，除了要求教师从自己身边寻找研究问题之外，还意味着教师研究的成效要以问题的解释和解决作为衡量判断标准。换句话说，教师研究算不算成功，不能一味地用创新与否作为评判依据，只要是对自身面临的问题、学校发展中的疑难经由研究有了更为深刻的认识或者找到了解决问题的方法，也就达到了预期目的。从这个意义上说，校本研究还需要有校本的评价标准，不能用一把尺子评判所有教师的研究成果，也不能动辄用在多大程度上创新来判断。其实，对于教师而言，在实际工作中，是很难对自己的研究作出创新与否的评判的，这种一味追求创新的教师研究在一定程度上使教师离开当下的实践问题，把求新求异当作研究的旨趣。教师的研究，不应该以创新为起点，但可以以创新为终点，当然，这个终点不是教师刻意去追求的结果，不是由教师自己来评判，而是由专业研究者包括教研员来评断的。

3. 是指向应用、研用一致的研究

套用毛泽东同志所说的一句话：学习的目的全在于运用，教师研究的一切目的都在于应用，至于由研究产生的其他成果大体上属于"意外"的范畴。作理论探讨，不是中小学教师的专长。大量的专业研究者每天的生

活方式、研究状态就是和形形色色的理论打交道，他们乐此不疲地进行理论的梳理，孜孜以求地进行理论的原创，滔滔不绝地介绍理论的流派，他们的研究旨趣就在于理论与学术，就在于说明新关系、探索新规律、提出新命题。中小学教师当然也可以进行纯理论的研究，但是由于理论的积累不足，理论的视野有限，学术探究的素养有欠缺，要作出精深的理论研究是颇为困难的。更为重要的，是中小学教师身边的问题汗牛充栋，无他人能解，在这种情况下，又何必荒了自己的地去耕别人的田？

我一直认为，中小学教师的研究应该致力于改进学校实践、解决教育教学问题、提升教师的教学水平，也就是说，要指向实践应用，指向研究成果与学校改革、教学实践的高度结合。当下，一些学校教师的研究功能呈现多样化的趋势，研究的范围也进一步扩展，不少教师将学校的改革与发展这类中观性问题作为研究对象。但即便如此，也不能改变教师主要致力于应用研究这一事实和价值取向。学校怎么办？学校未来的发展方向是什么？未来的发展规划如何确定？学校改革面临哪些主要问题？这类问题的研究仍然是指向应用的，只不过是更大范围的应用，是与学校改革和发展相一致的应用。在中小学教师研究成果的评价上，不宜只看其文字成果，也就是出版几本书、发表几篇文章，而要把这些成果应用的程度，转化为实践的水平，是否真正改进了学校实践、解决了相关问题作为基本标准。重成果出版、轻成果转化的倾向值得高度关注。

4. 是在现场进行的实地研究

教师研究的舞台是学校，是课堂，是学生，是教材，是自己，自始至终都是在具体的实践场景中展开的。研究问题来自现场，研究过程在现场进行，研究结果在现场得到验证。可以说，教育教学的实际情境既是教师研究的依托，又是教师研究的最终指向。这一研究特点，决定了教师不能像专业研究者那样仅仅关注理论问题，从概念到概念，从原则到原则，从规定到规定，而要在实际的教学情境中确定研究的出发点，在实际问题的解决中确定研究的落脚点。

教师实地研究的特征，决定了观察、访谈、调研、叙事等方法是研究的基本手段。教师要在教育教学的实际情境中观察学生存在的问题，寻找研究的方向，同时借助于观察探寻自己解决问题方案的落实程度，思考后续研究的努力方向；要在课堂教学等现场借助于访谈探究问题存在的原因，了解事实的真相，掌握翔实可靠的第一手资料；要在师生交往的具体实践行为中进行多方面的调研，力求把握事物的多侧面性，更为真切地洞察教育教学的基本特征和制约因素；要在日常生活实践中记叙自己的教育教学经历，反思自身的言行，分析事实背后的意义，认识教育教学的真谛。

虽然专业研究者也倡导进行实地研究，有不少研究者也提出了到中小学研究教育的口号，但他们在现场更多的是验证自己理论的真伪，是为自己的理论找寻一块"实验田"，通过实验或试验使自己的理论具备更多的可以推广的价值。中小学教师在现场进行的研究，并不把推广与否、典型与否、理论前提正确与否作为研究的出发点，至少在研究之初，这些方面都不是要达到的主要目的。从今天教育教学改革推进的现场来看，问题层出不穷，小课堂大舞台，小学生大文章，都已成为广大教师的共识，只有在教育现场脚踏实地进行持续不断的反思与研究，才能为教育改革与发展找到一条正确道路。

5. 是研学训教一体的研究

教师研究其实不是一种单纯的研究行为，甚至不是一种独立的职业行为，它是和教师其他实践行为紧密结合在一起的，是与学习、培训、教学等日常实践融为一体的。不过，在各种实践行为中，教师研究起着一种基础性、引导性作用，居于支撑地位。

研学一体。教师研究离不开学习，如果没有向自己过去的经验学习，向周围老师学习，向书本学习，向专家学习，研究就很难建立在扎实的理论基础之上，很难切中问题的要害，很难就教育教学中的某些问题作深入细致的思考。就拿教师叙事来说，前几年，老师们张开怀抱接纳了叙事，感到自己找到了一条适合自身发展的研究之路，研究不再具有神秘感，与教育教学实践有着密切联系，但几年时间过后，好像叙事并没有产生预期的结果，至少不像当初想象的那样效果明显，其中一个重要原因，就在于缺乏经验积淀，缺乏理论铺垫，缺乏持续学习，使研究难以为继。除了教师研究需要学习作为支撑之外，教师研究还为学习提供了原动力，使教师学习的目的更为明确，学习的动机更为强烈。

研训结合。研训结合最明显的例证来自近年来不少学校开展的校本研修活动，"研"是研究，"修"是培训、自学、修习，两者结合构成了颇具中国特色（当然也有日本词语的痕迹）的一个新词。如何从事研究，如何在实践中寻找研究问题，如何将问题转化为研究课题，采用哪些方式方法能很好地研究这些问题，研究成果如何表达、如何运用，诸如此类的问题，当然需要通过培训让教师加以掌握。而研究的结果反过来又可以成为培训的重要内容，教师研有所获，研有所得，研有所用，完全可以在培训中现身说法，也可以进行案例分析，以达到经验共享的目的等。事实证明，没有培训作为前提，研究难以深入，同样，没有研究作保证，培训也就有可能流于形式。

研为教用。教师的研究不能离开教育教学，无论是对于教育理论工作者还是对于教育实践工作者来说，这都是为数不多的共识之一。在教学中研究，在研究中教学，把研究作为教学实践的内在品质，把教学质量的提升作为研究的最为根本的价值追求，对于这一点几乎不再有什么异议。对教师来说，研究的生命力在于能够解决教育教学中的实际问题，教育教学因为有了研究的介入而富有生机活力。研教会通，教研共进，教师的教学不再是简单的机械性劳动，教师的研究也不再是外在于自身的实践行为。

研究、学习、培训、教学四者是作为一个整体存在的，其中教学居于中心地位，研究、学习、培训都是为教学服务的，是围绕教学质量的提高、教师专业发展而发挥各自作用的。

6. 是涵盖教研、科研、德研的研究

过去一段时期，我们沿用苏联的教育研究体制，将科研和教研严格区分开来，科研专门专注于课题的研究，主要聚焦在非课堂非教学领域的问题的探讨上，教研专门专注于学科教学的研究，主要聚焦在以学科为载体的课堂教学问题的分析上。这种人为的分割，不只是造成了科研和教研的对立，而且对解决教育教学实践问题也是有害的。随着教育实践的发展，也随着教育理论研究的深入，我们越来越深刻地认识到，科研与教研的区

分是相对的，更多的是在研究方法、课题立项等方面的分野，而不是对研究领域所作出的泾渭分明的区分。

可以说，在教师研究的大旗下，既可以涵盖原有意义上的教研，也可以涵盖今天常讲的科研和德研。三者研究的主体都是教师，是教师在自己的教育教学中所作的实践研究，是问题源于实践、在实践中进行、研究结果又归于实践的研究。教师研究概念的提出，在一定程度上弥合了三类研究的界限，将三类研究的着眼点汇集到实践问题上来。

7. 是师本与校本相结合、中观与微观并重、实践智慧为主理论探讨为辅的研究

教师研究有师本与校本之分，当下不少以校本为名的教师研究，其实是行师本之实的。师本研究的特征是教师"各自为战"、"人自为战"，每个教师都是研究的主体，教师个人在自己的教育教学实践中自发开展研究。这类研究更多地局限于教师个人的探索，由教师自发自愿地进行，研究成果也更多地表现为教师个人教学行为的改进。校本具有三方面含义——为了学校、在学校中、基于学校，它与师本的一个重要区别就在于，是在学校这个层面上进行的，具体到校本研究，就是由学校组织领导的目的在于改进学校实践并且是以教师团队为主体所进行的研究，它汇集了学校方方面面的力量，整合了学校形形色色的资源，集中精力研究解决学校改革发展中的关键问题，力图通过研究打造学校核心竞争力，形成学校品牌和特色。师本在一定条件下可以转化为校本，教师个人的研究产生了一定效果，学校科研管理部门或学校领导将师本研究成果在学校加以推广，从组织上保证这一研究的推进，扩大这一研究的影响力，在这种情况下，师本也就摆脱了个体状态，日益成为校本的一部分了。当然，校本也可能转化为师本，本来是学校层面上推进的研究，但由于推进力度不断减弱，研究项目越来越个人化，这时的校本也就逐渐转化为师本了。

如果按照研究的层次，将研究分为宏观研究、中观研究和微观研究的话，那么，教师的研究主要集中在中观和微观研究上。以前，我们或多或少地认为，教师研究就是关注身边的事情，是以课堂教学、师生交往、学生行为作为研究焦点的，从今天来看，教师研究正在呈现边界扩大、职能扩展、范围放大的趋势。不只是具体的教育教学实践行为称为教师研究的对象，而且学校的改革与发展也逐渐纳入了教师研究的视野。学校的发展方向是什么，如何表述学校的理念，学校未来发展的规划如何制定，学校面临的根本性问题有哪些，学校资源如何盘活，在学校改革发展中如何处理好继承与创新的关系，如何建设学校文化，诸多的问题开始成为教师研究的内容。各级政府"十二五"规划的制定、《国家中长期教育改革与发展规划纲要》的颁布、学习型学校的建设等，都为教师大力开展中观研究提供了契机。可以预期，在未来一段时间内，在一些学校，中观研究甚至会成为教师研究的重点。

教师实践智慧从哪里来？这一问题的答案只能是唯一的——从实践研究中来。正是在研究中教师不断积累自己的经验，探寻存在的问题，分析问题产生的原因，提出解决问题的对策，并将这些对策运用于实践，只有这样，才能形成自身的实践智慧。与此相关的另一个问题是：教师的实践智慧向哪里去？这一问题的答案可能不是唯一的，因为实践智慧既需要回归于实践，切实在实践的映照下焕发光彩，也需要进一步向理论化的高度前行，进而形成教育教学中的新理论、新论断、新思想。从这个意义上说，实践智慧的探索与理论化知识的形成都属于教师研究的范畴，只不过前者更是教师研究的重点。

第三章　从实际中来：研究问题的确定

　　我们常常说，任何研究都是从问题的发现开始的，提出问题是研究的第一步，没有问题就不会有研究的冲动，没有研究的冲动就不会有研究的行动，没有研究的行动也就不会有问题的真正解决。提出问题往往是研究的出发点，解决问题则是研究的终点。但在现实当中，的确存在着教师找不到研究问题，或者即使找到问题也属于"伪问题"而不是"真问题"的现象。产生这种现象的原因是多方面的，其中至关重要的是在寻找问题时，或多或少地离开了自己的实践土壤，忘却了教师从事教育研究的根本目标——改进实践。

　　正如同专业研究者研究的基础理论问题，更多地来源于理论材料的占有以及已有理论建构中存在的种种问题一样，中小学教师的教育研究主要围绕自己实际工作中存在的问题展开，其问题的来源主要有以下几个方面。

一、从教育教学的疑难中寻找问题

　　在当今的教育教学中，随着新课程改革的推进，随着学生个体和群体变化的加剧，教师时常会感受到各种各样的疑难或困境。从目前来看，这些疑难或困境至少有以下几种类型：

　　其一，教师的设想、计划与实际效果之间的差距。例如，新课程要求在教育教学过程中突出学生的体验，引导学生在参与当中体验，在互动中生成，教师以此为基点，通过一系列新的教学设计，试图达到引发学生兴趣，唤起学生学习热情的目的，但实施下来效果并不明显，并且学习成绩会受到一定影响。再比如，教师期望学生在学校完成家庭作业，并且在作业完成过程中给予监督，以便形成学生良好的作业习惯，但事与愿违，有些学生作业写得非常马虎，质量甚低。

其二，教育教学情境中教师与学生、学生与学生等目标之间或价值取向之间的冲突与对立。例如，教师从"培养学生的创新精神"这一指导思想出发，在教学中常常布置一些具有挑战性的课堂或家庭作业，但这种做法却使得一些学生跟不上功课，经常伴随着一种失败感，从而导致学生厌学的情绪产生。

其三，教育教学中的"两难"情境。"两难"情境在教育教学中比比皆是，有时甚至贯穿教育教学过程的始终，例如，顾及了单个学生的个性发展，就有可能妨碍学生集体；关注到了学生的兴趣，规范性、一致性的要求就有可能被削弱；让学生的主体地位在课堂与班级生活中确立起来，教师的引导角色就有可能无法实现。

其四，不同的人或群体对待同一教育教学行为的不同看法。例如，有的教师为了进一步提高教育教学质量，在课堂教学中不断作出新的尝试，以改变先前课堂上灌输、传递的情形，但周围同事或学生家长却并不认同，觉得他是在出风头，会影响学生的学习成绩。

这些疑难或困境，是教师每天几乎都会遇到的，并且没有现成的成功模式可供借鉴，只能将其作为研究对象，在研究过程中逐渐找到削弱其阻碍、转化其限制力量的对策。

案例 3-1

我在平时的教学和反思中发现当前的作文教学中存在以下现象：第一，将无作有，编造事实。有近六成的学生编造过父母或亲属伤亡、捡到贵重物品等事件；将不是自己亲身经历的事，堂而皇之地冠以第一人称；将不是自己亲眼看到的景物，大大方方地收入自己的视野；将自己生活中根本不存在的人，无中生有地说成自己的好友。第二，为作而作，虚情假意。近65%的孩子厌恶上作文课，怕搞活动，怕过假期，其原因就在于课堂上、活动后、假期结束后都要交作文。孩子游玩时被习作纠缠，难以放开心怀，缺乏真实感受，只得套写几句。不少孩子度假时面对作文题目忧心忡忡。有的孩子认为作文是写给老师、家长和同学看的，不便写真话，因而"制造"了情感的波澜和起伏，在作文中说空话、假话、套话。第三，为考而作，急功近利。大部分孩子接到作文任务后的第一个念头，就是怎样尽快地写得完整、写得长些、写得整洁些，重视练就一套应试功夫，也就轻视了文章的内在质量。第四，刻意拔高，揠苗助长。当前一些教师对学生作文的期望值过高，如要求当堂完成，强调文学创作技法、字数等。这种揠苗助长的做法导致每次作文课总有一部分学生拖拖拉拉，不能按时完成，使孩子对作文课望而却步。造成这些现象的原因何在？我觉得，主要在于当前的作文教学忽视了"以人为本"的教学理念。俗话说："佳肴以菜为本，佳作以文为本。"孩子的习作也应以它内蕴的纯真、童趣和天性，显现出的自然、奇异和鲜活为"本"。"本"是孩子习作的价值取向，与那些装腔作势、矫揉造作的作文截然不同。然而，相当一部分孩子的习作正缺少这种"本"汁"本"味，尽管习作的量迅速增加，但"造"、"抄"、"套"也在肆意泛滥。

针对孩子作文缺"本"的现状，作文教学应当何去何从？我越来越觉得，应该让作文教学回归本体，教师在指导作文时应该做到放文、放情、放形。

（由浙江省义乌市江滨小学吴庆红老师撰写）

二、从具体的教育教学场景中捕捉问题

中小学教师与专业研究者一个根本的区别，就在于一直生活在教育教学实际的现场，是在现场中感受教育事实，生发教育理念，提升教育智慧的。而教育现场是教育问题的原发地，是问题产生的真实土壤，进入教育现场的教师对教育现场所作的任何真切而深入的分析，都有可能滋生大量的有待研究的问题。重要的是，教师要认识到，自身研究的问题实际上大多并不是来源于理论材料的占有和分析，而是来源于教育实践场景。可以说，真实的教育实践场景既是研究得以进行的主要依托，同时又是发现问题的重要所在。正是教育场景蕴涵了大量甚至是无穷尽的有待研究的问题。

案例 3-2

几年前我还在家乡的一所农村中学任教，并担任高二的班主任。因为是农村中学，招收的都是周边农村地区的学生，所以生源相对较差。同样也因为是农村中学，大多数家长的要求并不太高，多认识几个字是他们送孩子上学的理由。而学生又不甘于现状，想通过读书改变自己的命运。在这种背景下，学生的心态是非常矛盾的，心理承受能力明显低于同龄的城市学生。

某一天中午，我在办公室休息，来了本班的一位女生 A，她在我对面坐了很久，一言不发，但显然有话要说。在我耐心的等待中，她终于开口了，在她滔滔不绝的诉说中我能大致了解事情的原委。以下是她的诉说。

读初一时，由于她个性大胆泼辣，干事风风火火，能主动配合老师的工作，而且成绩突出，她被任命为班长。在工作中，她表现出管理班级的出色才干，成为老师的小助手。但到了初二年级，由于调换了班主任，她没有再当上班干部，随即她与众多普通同学一样，成绩在班级中处于中游。

初二下学期，英语较差的她，有一次带着期盼的心情向英语老师请教难题，没有想到英语老师用一句"这么简单的题目也拿来问？自己不会去想一想？"便把她打发了。正是这样一句不经意的话语，对她的刺激很大，改变了她的性格。从此，她变得自卑、寡言，认为自己被人瞧不起，不受老师重视，于是便甘于沉默，甘于落后，加上班主任并没有发现她的情绪变化，她慢慢地被忽略了。她把这种消沉情绪带入了高中。

上高中以后，她发现同学们个个对学习、对班级工作、对各种活动跃跃欲试，一马当先，她受到了强烈的震撼，感到自己与同学的差距很大，不管在行动上、思维方式上，还是言语表达上，她都落伍了。她一个人坐在教室里，看着大家欢快、热闹地说笑着，感到一种莫名的欠缺。

她又回忆起小学时曾发生的一件事，让我颇感震惊并陷入深深的思考中。小学时有一次选拔演讲比赛选手，演讲出色的她被语文老师选中了。正当要进入比赛之际，学校的一个领导忽然喝令老师把她撤下来，原因是她脸上有一大块黑色的胎记，不适合上台演讲。提起这件往事，她抑制不住自己伤心的泪水。当时这个校领导万万没有想到，正是这样一件对他而言根本不放在心上的事，却撕裂了一个孩子美好的梦想，深深地伤害了一个人的自尊，使一颗幼小的心灵从此蒙上了浓浓的阴影。这个伤口，也许在她身上永远都难以愈合。

多年以后的今天，当她提起这件事时，是如此难过和痛苦。也许一个人的一生将因这种偏见的打击而改变，一个人也因此变得懦弱、胆小、自卑，无法再建立起自己的信心。作为一个教育者，我们应该怎样避免再次发生类似的事件？怎样爱护一颗脆弱而又宝贵的心灵？

（由江苏省张家港市梁丰高级中学孟险峰老师撰写）

要在教育现场中发现这类研究问题，首要的是要求教师具有较强的问题意识。要能够在稍纵即逝的现象中捕捉问题，甚至在貌似没有问题的地方发现问题。这一方面需要教师在日常的教育教学实践中通过撰写教学日志等多种形式，积累相关的经验，形成对教育教学的独立见解和认识；另一方面需要对问题具有高度的敏感性，不放过任何可以提出问题的细节和现象。

三、从阅读交流中发现问题

我们讲教师从事的教育研究从根本上属于行动研究，并不是说教师可以完全放弃对理论资料的占有，可以在"无阅读"的状态下做任何研究。实际上，占有一定数量的研究成果，研读、学习相关的理论论著，对一个教师来说是很必要的，与行动研究也是丝毫不矛盾的。关键在于教师在阅读这些研究成果时，要时时注意结合自己的工作实际进行有针对性的思考，要注意把理论的论述转化为对自己工作中相关问题的解读与说明，要注意将自身已有的经验与阅读材料中的分析相联系。问题有时也就是在这样的转化、联系、解读中逐渐呈现并变得清晰起来的。

案例 3-3

因为一个偶然的机会，我看到了一份中美数学课堂教学的研究报告，这份研究报告对中美两国课堂教学情况作了一些对比，认为两国的教学取向显著不同，并用下列表格分析了两国教学取向的显著差异：

中美数学课堂教学比较

国家	起点	过程	关注的核心	归宿
美国	感兴趣的问题	独立思考或小组活动，教师很讲究"何时介入"	学生的参与	学生独立探究的能力和气质
中国	对教材的感知	利用已有的知识和经验逐步过渡，教师不间断地引导	知识的积累	系统牢固的基础知识和基本技能

这份表格反映出的中美两国教学取向的差异，很让我吃惊。我想，教育的本质应该是一样的，无论是美国的课堂还是中国的课堂，都应该体现出相同的教育本质。虽然不能说美国的教学是唯一合理的教学，但彼此间的差异至少从一个侧面显示出我们的教学在某些方面需要加以改进。对于我这样一个中学老师来说，关键是认真反思自身的课堂教学，从日常教学的改进入手，使课堂越来越贴近学生实际，真正做到以学生的发展为本。

当时，我正在教高二年级，任教内容是语文第三册第一单元——现代诗歌。由于时代、文化的隔阂，学生对这些诗歌要作深入的个性解读是有一定困难的。以前常规的教学程序是：介绍作家作品、时代背景，朗读，在教师的不间断的引导下解读文本、构建知识体系。这样的教学程序沿袭已久，在一定程度上也能提高学生解读诗歌的能力和欣赏品位，但从学生发展的角度来说，学生个人的自我生命体验在哪里？虽然以前也曾尝试以问题切入，布置学生多读作品，课后查阅资料，上课再讨论交流，似乎也发挥了学生的学习主动性，但讨论时前后左右，交流时一二三四，发言的总是那么几张老面孔，其他学生的话语权在哪里？"关注学生的个别差异，满足不同学生的学习需求"的理念又如何实现？

（由江苏省张家港市梁丰高级中学刘真瑜老师撰写）

四、从学校或学科发展中确定问题

教师个人的发展是与学校的发展密切相关的，个人的专业提升与学校的整体变革也常常是结合为一体的。教师在把个人的成长发展乃至个人的命运与学校或学科的发展规划以及面临的问题结合在一起时，就会发现许许多多的问题有待自己去解决，就不会坐等现成答案。从现在来看，学校或学科发展中存在问题是正常的，没有问题是不正常的，而这些问题又有许多是现有的经验或理论难以有效解释、现有的工作模式难以恰当解决的，在这种情况下，教师个人或群体成为发现和解决问题的主体就变得理所当然了。

案例3-4

以学生发展为本，实施以培养学生创新精神和实践能力为重点的素质教育已成为社会发展的需要、教育界的共识。素质教育背景下的新课程改革，其重要任务之一就是改变学生的学习方式：把研究性学习作为一种学习方式贯穿到语文课堂教学之中。语文学科基础型课程、拓展型课程、研究型课程这三类功能性课程如何贯通研究性学习，并使之与体验式学习方式相结合，以发展学生"由基础性学力、发展性学力、创造性学力组成的新的基础学力体系"，已成为学校发展以及学科教学改革的迫切要求。

从目前语文教学的实践来看，习惯于传统教育的教师在理解和实施"三类课程"时常常陷入一些不容忽视的误区，即研究性学习就是研究型课程的任务，就是做各种各样的课题。于是教师在起始年级就开始让学生花许多精力去搞"研究"，而且多数开展的是远离基础型课程的面向社会生活、贪大求远的"课题研究"，似乎这才是"研究性学习"。这样做导致的结果，是教师在研究型课程上盲目做大课题，而在基础型课程上依然沿用传统陈旧的教育观念与方法，满堂灌或满堂问。这种教学方法势必使得学生缺乏必需的研究意识、研究能力、研究方法以及背景知识等。就语文教学而言，不仅不能获得"研究"或"探究"的应有效果，反而使"研究"流于形式，而且使学生无法真正建立起研究性的学习方式，更无法通过"三类课程"形成学生新的基础学力体系，最终将无法真正实现新课程改革的基本理念和目标。

为了在语文学科教学中实现"三类课程"相互贯通、融会研究性学习，教师要真正建立起素质教育和终身学习的教育理念，在实施基础课与拓展课的课堂教学中也渗透、贯穿"研究性学习"的理念与方式，从而彻底改变以往只注重学生对知识的"再现"与"模仿"的课堂教学方式，将研究性学习有机地融入学生所有的学习活动之中，给学生带来学习方式的彻底转变，既实现学生的现实发展，又实现学生的可持续发展与终身发展、全面发展。

（由上海市娄山中学陈红波老师撰写）

提出研究问题的渠道和途径还有很多，上面介绍的仅仅是教师在日常工作中操作较为便利和常见的四种方式。在这里还需要注意的是，在提出问题以后，教师本人仍然要进一步明确：在自身的实际工作中，有哪些问题值得花一段时间来进行探索？自身是否有能力完成对这些问题的研究？是否有足够的可供利用的资源？换句话说，当教师处于没有问题的状态时，首要任务是通过上述途径等开拓挖掘研究问题；当教师发现了问题并处于问题包围之中时，主要任务就是通过对自身条件等多方面的分析选择可研究的问题。

第四章 从计划到反思：研究的基本程序

在教师的教育研究活动中，制订计划是至关重要的一个环节，它既是教师提出研究问题后采取进一步行动的前奏，同时又是行动前对自身行为所作的系统审视和反思。这种计划并不见得像专业研究者制订的计划那样，内容详尽，面面俱到，可能体现为教师课前的教学设计，可能体现为教师与学生交往中的某些设想和打算；也不像专业研究者制订的计划那样，一成不变，亦步亦趋，可能随活动场景而动，依研究状态而移，体现出较强的变通性和灵活性。

一、计划

在很多情况下，教师教育研究活动的计划主要表现为自己对活动的有意识的设计、设想或打算。与日常的教育教学实践不同的是，此时教师有意识地将行为纳入了研究的框架，将持续不断的反思贯穿于教育教学活动的始终。例如，有位试图建立基于校园网信息平台进行教学改革的教师，对自己的教学进行了以下构想。

案例 4-1

了解了同学们的兴趣指向、征求了同学们的意见之后，我选择了徐志摩这位颇有争议、内蕴丰富的诗人来作研究性阅读，教学具体构思如下：

1. 筛选、整理同学们的思考、困惑，整合而成三个讨论题。问题来源于学生，真正变"要我解决问题"为"我要解决问题"。

2. 实施合作学习。为发挥学习伙伴的作用，课前让学生自由编组，指导他们注意优势互补，这样小组中有人善于概括，有人善于发现，有人善于组织分工协作、共同探讨。

3. 为增加小组成员的责任感，提高他们的参与热情，明确了学习任务，提出了阅读要求，力争人人有事情做：第一，各小组自主确立重点关注话题；第二，组长统一协调，成员分工协作，组长负责收集精彩帖子；第三，围绕重点关注话题，上网查阅，组内交流，组际交流；第四，小组代表展示小组讨论成果。

4. 采用单机大屏幕加网络的模式，加设"广播教学系统"，在利用网络的开放性，扩大学生阅读、交流空间的同时，提高课堂的可控性。

5. 为保证教学的优质高效，增强短时间内阅读的有效性，要求认真研究课程内容、学情，对大量信息进行研究、过滤、整合。在电子课本中提供翔实的引导性的资料。这些资料共分三类：第一类，友情链接"相关网站"；第二类，参考资料，包括作者的生平、代表作品等基本资料，有关诗人人生信仰、作品风格的评价文章精选，文学史上相关的提供广阔评论视野的文章；第三类，"好帖选粹"。对同学们的有争议的、有个性的看法，适当加以点评，以求"抛砖引玉"。

这样，一个设想中的宽松、和谐、民主的教学环境在头脑中逐渐形成。我自己力求退到计算机的后面，让学生作为真正的主体登场，实施"合作——探究——发现——体悟"的精神旅行。

（由江苏省张家港市梁丰高级中学刘真瑜老师撰写）

这些计划的制订，有一个突出的特点，就是行动计划与研究计划的高度统一。即并不是在行动之外另起炉灶制订一份研究计划，而是在行动之中融入研究，通过研究提高行动的自觉水平。

如果教师从事的是一项课题研究，一般说来，需要制订更为详尽的研究计划，为教师提供比较详尽的研究步骤，有力地确保整个研究过程的有序开展，而且为研究过程和结果的评价提供参考的框架。

一份较为完整的行动研究计划大体包括以下几个方面的内容：

1. 课题名称

好的课题名称不仅能准确地反映研究的范围、对象、内容、方法，而且能显示出研究变量之间的关系。例如，"R 小学学生学习负担的调查"、"学生的学习负担与学习成绩的关系研究"。同时，课题名称应该简洁明了，避免采用过长或含糊不清的语句。

2. 研究目的与意义

陈述开展这项研究的背景和原因，以及选择该课题的实践价值等。在行动研究中，教师展开的研究大都是指向自身实践的，是以自身教育教学观念和行为方式的改进为旨趣的，因此，这项陈述有时也可略去。当然，如果是一项统摄性较强的合作研究或理论研究，这项陈述又是必要的。

3. 研究问题与假设

明确这项研究所要解决的核心问题，而这一问题必须进一步明细化，形成更为具体的子问题，以便有针对性地寻找解答这些问题的具体行动方案。这一过程也是逐步形成行动假设的过程。这与专业研究者提出的研究问题和假设是不尽相同的。例如，教师发现某学生行为孤僻，对他人缺乏基本信任感。为了转变该学生的态度和行为，使其融入班集体的生活之中，教师需要对该学生的行为产生的原因作出推测与判断：是家庭因素还是学校教育造成的？是同伴群体还是某次不幸遭遇造成的？如果学生的态度和行为是由上述因素共同造成的话，教师必须提出具体行动的假设：促进家长与学生之间的沟通；建议任课教师给该学生更多的关注；让他承担一些班级工作；促使其他同学多与他交往；通过心理疏导，帮助他克服障碍，等等。

4. 研究对象与变量

行动研究的对象有时是单个的学生或教师，有时则是全班、全年级甚至全校学生或教师。这需要由问题所指向的"当事人"来确定。对行动研究对象的描述，不像专业的教育研究那样严格，只需概要地陈述对象的范围、数量、背景即可。界定研究的变量，是行动研究的重要一步，它涉及行动研究者对研究问题的基本认识和具体定位。以"教师如何通过反思提升课堂教学效果"为例，说明行动研究过程中变量的厘清。实际上，这一问题可以转化为两个变量——教师反思与课堂教学效果之间的关系。显然，这两个变量还是非常抽象的，缺乏可操作性，因而必须进一步具体化。教师反思可以是课前反思、课中反思、课后反思，也可以从内容的角度区分为教学目标的反思、教学内容的反思、教学方法的反思，等等；而课堂教学效果可进一步选取学生的学业成绩或作业情况作为标准。不过，在确定变量的要求上，行动研究显然没有专业研究者的教育研究那样严格。

5. 研究方法

陈述行动研究过程中所需要使用的收集资料和分析资料的方法，如观察法、问卷法、实验法、访谈法等。比如，班主任要了解学生之间的关系状态，就可以通过日常的教学观察、编制和发放相应问卷或找部分学生与任课教师谈话等方式，收集相关的信息。

6. 研究进度

为了确保行动研究有条不紊地展开，有必要制定总体性的研究进度表。一般来说，规划研究的进度可以从两个方面考虑——时间与工作项目。由于行动研究具有很强的实践性和较高的时效性，行动研究者最好从时间的角度，规划各个工作项目完成的期限。

7. 研究人员及其分工

由教师独立完成的行动研究，在计划中只需示明教师个人的专业、学历、职业等情况；由多个教师合作或教师与研究者合作展开的行动研究，在计划中除了标明每个成员的基本情况外，还需要对每个成员所需承担的项目工作作出分工。

8. 成果形式

与专业的教育研究一样，行动研究的成果可以从两个方面来说明：一是提供研究的预期成果及其表现形式，如研究论文、研究报告等；二是说明研究成果可能产生的实践效果。

此外，较为复杂的行动研究还需要有经费预算等。

总体来说，制订计划要体现以下几个方面的要求：任何行动必须是自己能够实现的，计划必须与学校政策相协调，教学上的研究不应干预学校的正常活动，所采取的研究必须在一段合理时间内能测量结果。

1. 计划应以充分的"勘察"为基础

计划始于问题解决的需要，并最终指向问题解决。在这种意义上说，判断一个研究计划优劣，可以看它在多大程度上有利于问题解决。因此，制订一个适切的行动研究计划，有赖于行动研究者围绕着现实的问题，通过充分的"勘察"或事实调查，对研究所需的综合条件作出准确的判断。这里不仅涉及行动研究者对问题的认识，也涉及他们所具有的与问题解决相关的理论、知识、方法、技术，以及其他的资源与条件。如果行动研究者缺乏对自身条件及外在条件的准确认知，制订出的计划也不过是一个"花架子"，缺少真正支撑问题解决的实质性内容，因而在可行性上必然大打折扣。

2. 计划应具有可行性与可操作性

研究计划是教师制订的、用来规范自身研究实践的。如果缺乏应有的可行性与可操作性，研究计划也就难以落实。考察一个计划是否可行，可以从以下几个方面入手：

是否具备实施计划所必备的知识与能力？

是否具备实施计划所必需的设备及其他资源？

计划的时间跨度是否恰当？

参与者的分工是否妥当？

简而言之，研究计划所设计的每个步骤，是否都有转化为行动的可能性？要让这一点变得清晰可见，研究计划应该体现可操作性的特点。当具体步骤或问题的表述含混不清或者模棱两可时，可能会影响行动研究的实施效果。

3. 计划应具有清晰的层次或梯度

计划包括总计划和每一个具体行动步骤的计划方案。总计划是对整个行动研究过程的总体规划与设想，因此在陈述上有时带有原则性和规范性的指导意味；规定每个行动步骤的计划，则要求明确、具体，具有可操作性。不同层次的计划之间不存在绝对的界限，而且应保持内在的一致性，体现相应的梯度，至少具体的计划应反映总计划的基本精神。需要指出的是，无论是总计划还是具体计划，都不是固定不变的，甚至在制订具体计划的过程中也可能修正总计划。

4. 计划应具有灵活性与开放性

严格说来，计划的意义不在于规定研究实践的每个细节，而在于提供研究实践的基本规范和要求。行动研究者在制订计划时，既要对过去和当下情况作出综合的判断，又要对未来的发展态势作出合理的预测；既要考虑和包容已知的制约因素、矛盾和条件，又要允许不断地修正计划，把意料不及、未曾认识和在行动中显现出的各种情况和因素容纳进计划。在这种意义上说，计划是暂时的、开放的，是承担着一定风险和试验性的，是允许修正的。

5. 计划应体现参与者的需要

计划的实施最终有赖于每个参与者，因此，要促使教师及其合作者都能积极地投入研究的过程中来，一个较好的办法是，与该研究相关的研究者从一开始就参与研究计划的制订，从而使研究计划更好地体现他们的实际需要。如此一来，每个人既是计划的制订者，又是计划的实施者。这不仅使每个参与者对研究问题都有比较明确的认识，而且调动了他们实施计划的积极性。

案例4-2　小班化课堂教学活动评价的研究

一、课题的提出

经过几年的时间，上海市的"小班化教育"研究与实践已经取得了许多成果，并先后出版了相关专著，目前小班化教育在不少地区的小学已着手进行区域性推广，随着时间的推移，初中学段很快也将面临与小学同样的生源减少的问题，小班化教育的研究成果将发挥更加广泛的作用。另外，在其他省市、地区，也有相关的研究和实践。小班化教育已经成为许多大中城市基础教育改革的重要趋势，越来越多的学生正享受着小班化教育的甘霖。

面对小班化教育研究中出现的新形势，回顾已有的研究与实践，我们感到今后关于小班化教育研究的空间还很大，如小班化教育的特征到底是什么；小班化教育的特征在课堂教学中如何体现，即什么样的课堂教学才是小班化的课堂教学；在对小班化课堂教学中的学生评价进行研究关注的基础上，如何对小班化教育的课堂教学活动进行科学、全面、简约的评价；小学的小班化教育研究可以为初中学段提供哪些借鉴，等等。因此，以小学小班化课堂教学活动的评价的研究为突破口，寻找出小班化课堂教学的基本要素和特征，将为初中学段开展小班化教育提供有益的经验和基础，使小班化教育的研究进一步拓展和深化。

二、关键词界定

小班化课堂教学活动，指在小班化教育环境中，由教学的基本要素教师、学生、教学内容、教学手段所构成的各种活动。

小班化课堂教学活动的评价，指通过质化和量化多种方法，对课堂教学活动中教师和学生所表现出来的各种认知、情意行为的检测和判断。

三、研究目标

构建科学的、简约的、具有可操作性的小班化课堂教学活动评价指标，以及评价操作体系，以提高小班化教育的实效性，推进小班化教育的实施进程。

四、研究内容

（一）寻找和确定体现小班化教育特点的课堂教学活动的基本要素，确定评价内容。

（二）依据评价内容，运用一系列方式方法明确小班化教育评价的检测点。

（三）构建小班化教育课堂教学评价体系。

五、主要研究方法

本课题采用的主要研究方法为行动研究法：在研究过程中，提出研究设想，制订研究计划，并根据研究活动的开展情况和小班化教育发展情况，不断调整研究方案，使研究得以顺利进行；引导一线教师参与研究，组成由教研员、科研员、教师、其他相关专家形成的研究共同体，使教师和其他研究人员在研究中都获得发展。

六、研究过程

（一）运用文献研究、经验总结等方法，分析课堂教学的基本要素和小班化教育的主要特征，获得课题研究的前期基础。

（二）开展行动研究，提出研究设想，制定评价指标体系，课题组开展研究，并根据研究活动的开展情况和小班化教育发展情况，不断调整评价指标体系，使之不断完善。

（三）对评价指标进行讨论，请专家咨询、论证，进行修改。

（四）形成评价体系及操作方法。

1. 具体构想

（1）调整教学设计。教师课堂教学设计中除一般的要求外，还需要明确体现出本次课中小班化教育的特征性内容主要是什么、如何做、预期效果、预期效果的外在行为表现等四项内容。

（2）加强教师反思。通过教师教学日志、教学反思、教学案例、经验总结、课堂观察、访谈等质化方法，以及课堂观察量表记录、填反馈表等量化方法，搜集评价素材。

（3）注重沟通交流。通过教研员、科研员、教师、专家等听课、评课、研究素材资料，对照课堂教学设计，进行课堂教学活动的综合评价，形成评价报告。

2. 具体操作过程

参与人员	课前	课中	课后	总结
授课教师	教学设计	教学实施	撰写教学反思等	共同研讨所搜集的评价素材。1. 对任课教师课堂教学进行评价，形成评价报告；2. 形成评价内容中教师、学生外显行为特征的总结
其他研究人员（每次选定一位主持人主要负责）	研究教学设计	课堂教学活动观察记录（分工操作）	分析观察记录	
学生			填写反馈表：自己的感觉、满意程度、学懂了什么、教师对你的关注程度	

七、研究的主要阶段

（一）准备阶段

1. 成立研究课题组，设计课题，撰写开题报告。

2. 邀请专家论证，修改补充课题方案。

3. 组织课题组人员专题学习，搜集有关教育评价研究的资料，并进行分析。

（二）研究实施阶段

1. 运用经验总结法和文献资料研究法，分析课堂教学的基本要素和小班化教育的主要特征。

2. 制定评价指标体系初稿，并进行分解，形成外显行为特征检测点。

3. 课题组进行分工，制订研究计划，按照评价的过程和方法，分别定期开展研究，并不断进行总结和反思。

（三）总结阶段

1. 收集、归纳、整理课题研究的相关资料，完成小班化教育评价体系和相关指标及操作性量表的正式制定。

2. 组织课题研究成果的现场汇报及专家鉴定活动。

3. 撰写课题研究主报告。

4. 修改、编撰研究的相关成果。

八、成果形式

（一）论文：《小班化教育环境中，课堂教学活动评价的研究》主报告。

（二）文集：《小班化课堂教学点评集》。

（三）文集：《小班化教育环境中，课堂教学活动评价手册》。

（四）文集：《小班化教育环境中，课堂教学活动评价的研究的相关研究成果附件》

（此案例出自 http：//www.sxszjzx.com）

二、行动

按照研究计划采取行动，至少为问题的解决提供了基本的保证。但是，合理的行动，不是预先设定的或不容变更的。行动总是和行动的情境结合在一起的，随着教育情境的变化和教师认识的加深，行动也是在不断调整的。教师在对行动所作出的不断反思与积累当中，难免形成对问题的新的认识，在研究的过程中，也难免会有新的因素介入研究，从而影响原有计划的达成。在这些情况下，研究中计划有调整，行为有变动，都是情理之中的事情。行动的这种情境性特征，可以用古希腊哲学家亚里士多德的"德性"概念来类比，即合理的行动是这样一种行动：恰当的人在恰当的时间和地点，以恰当的方式做恰当的事。要想达到这样一种合理性，教师首先需要对当下的教育情境作出理智的判断，对行动适当地进行调整。

案例 4-3

在省级乃至国家级重点中学，早恋的外部特征和程度往往不易被察觉。这是因为重点中学的学生较普通中学的学生自律意识稍强的缘故。然而，最可怕的问题往往是难以发现的问题。平静的海面下可能涌动着暗流，倘若不能及时发现并采取措施，后果将不堪设想。作为班主任，如果教授理科，了解学生的心理动向的机会相对少些，因此，最有机会走进学生内心世界的语文老师应相对多担些心思。语文课上，不用花很多心思，有时只要一点点，便可事半功倍。

何谓"早恋"，在提法上颇有争议。就目前我国的实际情况及社会规范来说，中学生谈恋爱属于早恋，主要原因有两点：一是经济生活尚未独立，二是谈恋爱的年龄与法定最低婚龄（男22岁，女20岁）相差甚远。早恋的危害已是有目共睹，这里就不再强调。

一、背景

我所任教的高二（3）班是我校高二年级中较活跃的一个班级，这个班是我从高一一手带上来的，所以基本上对每一个学生的性情都比较了解。对于他们思想上的细微变化一般都能较快察觉。

二、问题的出现

为了提高学生的口头表达能力，本学期语文课上我设计了一个活动——"答记者问"：以学号为序，每节课请一位学生上讲台，回答同学提出的各种问题，全过程限时三分钟。刚开始大家比较拘谨，所提问题仅仅局限在学习范围以内。后来我说可以把范围扩大到生活领域，大家便渐渐放开了。然而，接下来的一周却着实让我大吃一惊。

学生的话题竟然清一色围绕着"男女朋友"展开。以下是部分提问的摘录：

"景伟，前几天我看见你和某女生在肯德基吃饭，请问她是不是你的女朋友？"

"江峰，听说你和叶杉是初中同学，高一时传闻你们有发展可能，不知现在可有进展？"

"林倩，如果将来你有了baby，他（她）是不是龙的传人？"（全班哄笑，因为班上某男生的绰号叫"龙"）（以上人名均为化名）

一周下来，我隐约觉得情况不太对劲——学生有早恋的倾向，于是下令禁止提这类问题，没想到两天后竟又故态重萌，而且愈演愈烈，大有防民之口甚于防川之势。面对日趋成熟、自我意识渐强的中学生，堵不是办法，于是我决定疏导。首先要让问题充分暴露并确定其性质，因为不是所有的异性中学生交往都属于早恋。我先停止了"答记者问"，以遏止这一风气。接着我让学生把想说的话写在随笔里（每周三篇随笔是我校语文课的固定项目）。一周后，我从中了解了学生关于异性交往的困惑、向往、兴奋、沮丧乃至痛苦，并依据心理学的相关理论从程度上对这种交往进行了分类。

（一）朦胧的向往

"不知为什么，那么多的男生我独留心他，也许是他成绩好，有能力，篮球打得棒——总之，最近老是定不下心来，我是不是开始变坏了？"

"隔壁高三的那个瘦瘦高高的男生已经好久没看见了，不知可是病了？"

进入青春期，体内骤然剧增的激素使他们产生了渴望接近异性的需要和愿望。这种渴望并不是错误或可耻的，它像吃饭、睡觉、出生、死亡一样普通、自然，是一个人心智发育正常的标志。

（二）有所行动

"今天下午的劳动任务是拔草，我稍动了些脑筋便和她分在了一组。虽然没说什么话，但我们会时不时地看对方一眼，时间很快就过去了。"

"这道题我已经弄懂了，但还是让他又讲了一遍，可讲了什么却没听见。"

（三）频繁约会

"我现在才知道何谓'一日不见，如隔三秋'，为了能单独在一起吃饭，我们决定出去下馆子，不过最近手头有些紧张。"

按照恋爱发展规律，第四阶段是可能有出轨行为的阶段，但这一阶段的表征没有在学生的随笔中体现。乐观地想，也许还未发展到这一阶段；稍微"杞人"一下，也许学生不愿透露。另外，有些学生所反映的情况已很不妙，情感上的波折已经影响了正常的学习生活，从学生写的诗句中可见一斑："失去了你/我像没有灵魂的躯体/沉入海底……"

三、问题的解决

对于处于第一阶段的学生，关键是要让其了解相关的生理知识，正视自己，调整好心态——渴望异性是正常的，学会与异性交往是必需的，但言行必须是坦然的。

对于处在第二、三阶段的学生，需要花点时间让他们知道他们已是一个成人，应该对自己的行为负责（中国孩子的成人意识确立得较迟），倘若扛不起"责任"这个重担，还是不要尝试的好。当然，不能说教，要让学生自己确立这个意识。

（一）课堂大讨论——"爱情是什么"

人们之所以要去尝试，多半是因为未知和好奇。让他们知道究竟是怎么一回事，事情就要好办得多。花季年岁，爱情是什么？学生有自己的答案，鼓励他们把心里话说出来是解决问题的第一步。为此，我组织了一次课堂大讨论——"爱情是什么"，提前一个星期布置论题，要求一部分学生根据自己的储备和体验进行准备，另一部分学生回去采访开明的长辈。以下是这次大讨论的部分摘录：

景伟："爱情是打电话时看着显示屏上话费一分分地涨，心里却还乐呵；爱情是早上一个微笑，就能让我一天不知疲倦；爱情是她不理我，会让我一天难过。"（"哇塞"，台下一片哗然）

刘佳："我看过《少年维特的烦恼》，我觉得爱情是维特看见绿蒂时的脸红心跳，是思念绿蒂时的辗转反侧，是求而不得的绝望。"

邹敏："我觉得语文课本中也能找到爱情：刘兰芝与府吏的蒲苇磐石不分离是爱情；秦观笔下的'金风玉露一相逢，便胜却人间无数'是爱情；李清照的'此情无计可消除，才下眉头，却上心头'是爱情；《卫风·氓》中女主人公的刚毅决绝更是对爱情的捍卫。"（掌声）

陶丽丽："我问过父母和一些长辈，他们的回答和刚才大家的回答不太一样。他们先是问'小孩子家，问这个干啥'，经我解释他们才肯回答。我妈说，她们那时不谈什么爱情，成分般配，谈得来，然后就办事了。"

龚妍："我姐姐结婚两年了，她说爱情是一个过程，开篇一般都是'琴棋诗画书酒花'，如果发展得顺利，慢慢地就会变成'柴米油盐酱醋茶'。"

……

在学生们交流完一系列材料后，我问了一个问题："请大家比较一下，你们眼中的爱情和已婚者体验到的爱情有什么根本区别？"

周密："我们眼中的爱情是普希金的诗，而已婚者眼中的爱情是巴尔扎克的现实主义。"

郑一笑："我们更重爱情的过程，而已婚者更重爱情的结果。"

陈尹墨："我觉得已婚者所说的爱情都比较'重'，比我们想象的更重。"

学生们有的认同以上看法，有的则不置可否，于是我顺势布置了一道辩论题——"花季，我们扛不起爱情"，准备时间，一个星期。

（二）一场关于爱情的课堂辩论

以下是关于这场辩论的部分摘录：

正方一辩："我们认为真正的爱情是一种责任，这朵花需要用理解和奉献浇灌，需要经济之土提供必需的养分，更重要的是必须经历时间的洗礼，最终才能结出甜美的果实。而我们中学生现在学习任务繁重，且经济上不独立，即使拥有爱情之花也没有时间和能力去呵护。所以，与其让它枯萎，不如让它等到云开日出再开放。综上，我们的结论是'花季，我们扛不起爱情'。陈述完毕，谢谢大家。"（掌声）

反方一辩："我们不否认爱情是一种责任，但是，爱情的产生与结束一定与责任有关吗？如果是这样的话，世上的爱情将会少一大半。诸位请不要忘了，爱情是双方的事，如何去呵护，何时让她开花可以双方协议。我们已是有独立意识的青年，我们通过大量的阅读很清楚早恋带来的种种生理和心理上的变化。我们不一定让爱情之花现在就开放，我们可以存着爱的种子，这不需要很多的精力，只需要默契，这粒种子甚至是一种动力，为了将来能让她开出美丽的花朵，我们现在会加倍努力学习。所以，我们认为只要两人齐心协力，一定能在'花季，扛起爱情'。陈述完毕，谢谢大家。"（掌声）

正方二辩："对方辩友，你们刚才说现在可以存着爱的种子，不需要花费太多的精力去呵护，那么这种'存种子'的状态是否属于'扛着爱情'的范畴？"

反方二辩："当然属于。"

正方二辩："既然是爱情就需要双方忠贞，请问你如何确定对方是否忠贞？对此你需要付出额外的时间和精力吗？"（掌声）

反方二辩："如果双方连这份默契都没有，这还能称作爱情吗？所谓'心有灵犀一点通'，根本不需要多余的考证。"（掌声）

正方三辩："如果那粒爱的种子在保存过程中因为种种不可预料的原因而变质了，相关的双方难道会不受影响吗？变质的可是他们真挚的爱情啊！请问对方辩友，你们能保证所有人都能在这个时候妥善处理这一事件而不影响学习吗？"

反方三辩："根据唯物辩证法，任何事情都不是绝对的，在保证绝大部分情况的同时，我们无法避免个别情况的存在。"

反方四辩："请问对方辩友，你们如何解释这一现象：很多学业出众的大学生包括我们的师兄师姐，他们坦言在高中阶段都有过恋爱史，并且在大学期间仍然保持着这样的关系。"

正方四辩："你所列举的这一现象据我们了解，只发生在少数自控能力极强的人身上，大部分中学生都做不到，所以不具有普遍性。"

……

正方四辩："综上所述，我方认为在花季能扛起爱情的中学生只是少数，大部分学生还是不能正确处理恋爱和学习的关系，所以，从整体上讲，花季，我们不能扛起爱情。"

反方四辩："我方一致认为中学生已经是具有独立意识的个体了，因此，完全有能力控制自己的情感。所以，花季，我们能够扛起爱情。"

四、尾声

经过两周的交流、讨论和辩论，学生们在思想上有了触动，在行动上有了改观。他们在随笔中写道：

"心里的一团麻总算理出一个头绪了。"

"虽然对于'什么是爱情'我还没有得到一个令自己完全信服的答案，但是到目前为止，有一点我是肯定的，这朵花不应该现在开。"

很多学生的学习效率明显提高了，课堂上再也没有昏昏欲睡的现象了。

五、反思与讨论

在"答记者问"中暴露问题以后我的第一措施是停止"答记者问"。最初的打算是就此打住，以后不再搞类似的活动。做学生的思想工作是班主任的事情，语文老师似乎没有必要操这个心，其实，这是对语文教学目的的狭隘理解。

经过两周的讨论和辩论，学生虽然对"什么是爱情"有了一定的了解，但是，整个过程除了采访长辈外都是在近乎学术研究的探讨氛围中完成的，因此，效果是否真如学生们随笔中所说的那样还有待进一步检验。

（由江苏省张家港市梁丰高级中学丁虹老师撰写）

教师教育研究活动中的行动是开放的，常常需要利用行动中随机出现的各种资源，对行动过程作出调整。上面的实例展示的就是一位教师在将教学与研究结合在一起的过程中教学设计及行为发生变化的场景。从中我们可以领略到，行动过程中有时变化比不变可能更能达到预期的效果，更能促进学生的成长发展。

三、观察

按照研究计划有策略地采取了行动之后，收集行动过程的相关资料，以备后续的反思、改进之用，是教育研究过程的第三个步骤。这一收集资料的过程，也就是对教师及其行动的实际状态（包括背景、过程、结果、特征等）的全面观察。

在研究实践中，究竟采取哪种类型的观察，必须视教师的观察能力和具体的教育情境而定。但是，由于研究活动赋予教师以"研究者"与"行动者"双重角色，因此，教师不再是研究活动的"旁观者"或"局外人"。所以在研究中，可以有教师的自我观察，可以借助其他仪器，或通过其他研究者、同事或学生的观察和描述，获得关于自身行动状态的真实信息。自我观察指的是教师对自身行动过程和结果的反观，通常表现为教师在行动结束之后，对自身所展开的行动过程的回忆与描述。这类观察或多或少带有反思的性质。自我观察的另一种方式是，教师通过摄像等技术，记录下自身行动的全过程，以及相关的情境。摄像可以由教师自己来完成，也可以在同事或合作者的帮助下完成。使用这项技术进行观察的优势就在于：教师可以在结束之后，多次观察自身行动的过程或结果，从而获取更为详尽、准确的信息。但是，摄像的适用范围比较有限，一般来说，大都适用于短时距的行动或在固定的空间展开的行动，如教师的课堂教学等。如果行动涉及的范围较广、时间跨度较长，如教师为转化"后进生"或"问题学生"所采取的一系列行动，就难以满足有效观察的要求。

如果研究活动是由多个教师或教师与研究者进行的合作研究，对行动的观察还可以是合作者对某行动者及其行动的观察。不同的人具有不同的观察立场、视角和方法，对同一行动会作出不同的描述，这些不同的描述可能是相互补充的，同时也有助于矫正行动者自我观察的偏颇或失实的部分。因此，在研究中，允许合作者介入或参与其中，并对自身的行动进行记录和判断，对教师的成长与发展来说至关重要。

案例 4-4

×××年11月的一天下午，秋雨绵绵，在上海市区偏西部的一所普通初级中学，第一节课的上课铃声还没有响，初三（3）班传出一阵阵拖拉课桌椅的声音。和往常一样，同学们正在把课桌椅摆放成小组围坐的方式，准备迎接他们喜爱的语文课，稍有不同的是，今天在教室的后面坐着我们几位区教育学院的听课老师，而同学们除了礼貌地为我们让路、搬椅子外，并未感觉到有过多的拘束，甚至他们的江荣斌老师走进教室时，他们的说笑也没有停止。

江老师是一位年轻的语文老师，30岁，从华东师范大学毕业只有九年。虽然在一所普通的初中任教，但他勤奋好学，刻苦钻研，追求上进，已经成为学校的一名骨干教师，并形成了自己独特的教学风格，在区内小有名气。

江老师任教的班级，是这所学校极为普通的一个班级，在他刚接这个班的时候，遇到了许许多多老师都可能遇到的难题：作为普通中学的学生，同时又是处于青春期的初中生，他们已不像小学生那样在课堂上积极举手、踊跃发言了，而老师又很希望听到同学们的发言，这样可以获得较多的反馈信息，以便及时对教学活动进行调整和补充。如何才能调动学生课上主动回答问题的积极性，激发他们积极的思维活动？江老师苦思冥想，他想出一招，决定试一试。他将同学们分成几个小组，上课时以小组为单位围坐在一起；他还将同学们在课堂上回答问题、积极发言的表现与期末考试成绩挂钩，即考试成绩只占总成绩的70%，平时发言情况占30%，并通过墙报张榜的形式，将各组发言情况张榜公布，开展小组间的竞赛。结果同学们课堂上回答问题的积极性越来越高，到现在，他们在课堂上争相发言、激烈讨论已成习惯，而且发言的目的也不再仅仅是挣到30分，甚至更多的积分。我们曾问他们："你们为什么要在课堂上抢着发言、回答问题？"他们说："我只想把自己的想法说出来。"问："为什么要抢着说？"回答："不然的话，别的同学就会抢先说出……"

他"站"在学生的前面

"同学们好！"江老师的话把我们的思路拉了回来，今天，他手里拿着一个搪瓷小盆和一只一次性水杯，小盆里有一只鸡蛋和一些食盐，看来今天的课上又要热闹一番了。

今天这节课是讲读课《死海不死》的第一课时（常规教学时间是两课时）。江老师通过这节课的教学，期望达到以下目的：（1）使学生领会神话、传说在一篇文章中的作用，（2）使学生了解课文的说明思路，（3）使学生了解死海的特点和死海形成的原因。

上课开始，他先请一位男同学根据提供的材料，做让鸡蛋浮起来的实验，并请其他同学注意仔细观察实验过程与现象，思考这个实验原理，然后口头描述出来。因为这节课的重点不是做化学实验，做这个实验的目的，一是帮助同学理解死海不死的原因，二是通过观察实验过程培养学生的观察力和语言表达能力，并使学生了解课文说明思路，因此，江老师特意选择了一个简单的实验，使学生可以比较顺利地完成。在这个男生完成之后，他说：

"刚才我说了要注意观察实验的过程、现象，思考实验中的实验原理，并把它描述出来。现在给大家一点时间考虑一下。"

由于是围坐式，小组同学可以很方便地开展讨论。同学们唧唧喳喳讨论了大概 10 秒钟后，一位男生站起来发言，他用所学到的物理公式对实验的原理进行了说明。

师：他的回答是否符合江老师的要求？

生：不符合。

这时，隐约可以听到有的同学在小声说"符合"。大概是刚刚开始上课的原因，同学们的发言还不够积极，不然的话，反对的同学一定会马上站起来进行反驳。在讨论不够激烈的时候，江老师感到需要想办法调动起他们的积极性。因此，当一个男生站起来说"他没把过程和现象说出来"的时候，江老师马上接过话说：

"他只是说了原理，对整个实验的过程和现象没有描述。是吧？那么，你来试试看。"

生：先在水里放了许多盐，然后充分搅拌，再把鸡蛋放在盐水里，鸡蛋就浮了起来。原因就是他说的那些。

师：请坐。其他同学还有没有补充？

生（一个男生站起来）：鸡蛋放入没有加食盐的水中是沉下去的，到后来加入食盐后，水的密度增大，鸡蛋就浮了起来……

老师对同学们的实验过程表述进行总结后，指出了他的目的。

师：刚才，同学们基本上把这个实验过程说清楚了，现象呀，过程呀，原理呀都点到了。但是同学们发觉了，如果把这些同学的发言写下来，让人家去看，想吸引别人去看的话，生动性还不够，他们只是把这个过程基本交代清楚了而已（提醒同学们注意语言表达的生动性，并了解课文写作的思路）。另外，刚才同学们在分析这个实验原理时，讲到了水的含盐量高，浮力大，鸡蛋就能浮起来。那么，在今天巴勒斯坦和约旦交界处有一个世界上最咸的咸水湖，它就类似于这种情况，那里的人不怕淹死，生物也无法生存，这就是我们今天要学习的《死海不死》（引出课题）。

他"站"在学生的背后

接下来在字词学习后，江老师提出新的要求。

师：下面我们就要进行小组讨论。要求有三点：（1）首先请每位同学自读一遍课文，不讨论，就是读课文时不讨论；（2）看完课文之后，请小组讨论一下，作者是怎样介绍死海的，文章的思路是怎样的；（3）请你找出文中运用准确的词语，在材料上进行理解性的旁批。

3分40秒后，学生中开始有讨论的声音，在这之前教室里很安静，同学们读课文实际上是默读。在同学们默读和讨论时，江老师在不停地巡视。大约7分33秒后，老师拍手示意停下来，他首先提出讨论规则，要求"一定要听好别人是怎么说的"、"其他同学要补充的待会儿再各抒己见"。老师话音刚落，马上就有两位同学同时站起来要发言，看来同学们讨论的积极性提高了不少。

小A（男生）：课文首先介绍死海的地理位置，然后再介绍死海得名的原因，接着说死海不死的原因在于死海中含有大量含盐的矿物质，然后介绍死海的形成是在约旦和巴勒斯坦之间南北走向的大裂谷的中段，死海的源头主要是约旦河，河水含有很多矿物质。河水流入死海，不断蒸发，矿物质沉积下来，经年累月，越积越多，便形成了今天世界上最咸的淡水湖，（众同学马上纠正是咸水湖）对，咸水湖——死海。然后说，几十年前人们在死海周围修建了一些游乐设施，利用死海治病。最后说由于死海的蒸发量大于约旦河输入的水量，造成水面日趋下降，所以，再过数百年，死海有可能干涸。

小A还未坐下，就有几个同学同时站了起来，其中有一位男生小B，他与小A是同组的，不知是老师没有注意到，还是为了坚持另外一条讨论规则，只见他微笑着说："女士优先。"

小C（女生）：第二部分，说死海不死就是因为死海寸草不生，但人们能自由游弋，紧接着分析这种现象，是因为它的浮力很大，是因为海水的咸度高，紧接着通过列数据的方式，来说明海水里面含有多种矿物质，它们的含量很高。还有就是说死海的形成，他忘记了说一点，就是从科学角度说明。

她的话刚一说完，马上又有几个同学站起来要求发言。……几个同学此起彼伏地争相发言，使我们感到这次课堂上讨论的第一次高潮到来了，尽管发言的内容主要是补充和纠正。

小 D（男生）：他刚才说死海得名的原因是造了许多游乐场，这不是主要原因，死海得名的真正原因我认为是死海周围没有鱼虾水草，海边也寸草不生，这才是它得名的主要原因。

小 D 的发言好像离开了老师的要求，按照要求讨论的内容是"作者是怎样介绍死海的，文章的思路是怎样的"，而他在探讨死海得名的原因。我们看了看江老师，他仍然在专心地听同学们的发言，并未制止。由于他的发言，后面的讨论有些"跑题"。

小 E（该组的另一位男生）：它不是因为建造游乐场和工厂什么的才闻名的，我觉得是因为闻名了才去建游乐场和工厂的，还有，我要补充小 D 的是，最后一段是死海的前景，就是死海充满了危机，要我们呼吁人们去保护它。

小 F（女生）：还有就是刚才小 A 说错了，他说几十年前人们在死海边建造了许多游乐场，这是错的。几十年前，死海还是一片荒凉，今天我们才在死海边建造了游乐场。

小 G（女生）：我补充小 F，就是对死海的利用和开发。

小 H（女生）：我补充小 D，第二节写死海不死，最后一句话写死海真的要死，这两句话前后照应，使文章结构很紧密，首尾呼应。

直到此时，这个女生的发言才将主题拉了回来。

同学们的发言热闹非凡，江荣斌老师时而微笑点头，时而紧皱眉头。在这次讨论的最后，江老师笑着说："好的！看我都插不上嘴了。"（这句话也引起了我们不少的思考）在确认其他同学还有没有要补充发言之后，江老师边讲边板书，对同学们的发言进行了大致的概括，特别是对文章的写作思路进行了清晰梳理，将学生的思路拉回了主题。

他"站"在学生的中间

江老师进行概括小结的时候，女生小 C 一直若有所思，她未等老师把话说完，就站了起来。

小 C：老师，死海是一个咸水湖，那为什么要说是海水呢？

老师略迟疑了一下，显然这个问题有些出乎意料。学生没有按照老师预先设计的思路进行思考，突然冒出了新的问题，江老师将如何处理？

师：就是为什么要称为海水？（老师也要思考一下）这个问题谁来帮助她一下？这是地理学上的知识。

同学们在思考，与前面的争相发言形成鲜明的对比，看来这个问题对于同学们来说，也是出乎意料的难题。大约6秒后，老师叫起男生小J。

师：你说呢？

小J（男生）：海也是对湖的一种称法。

他的眼睛看着提问题的那位女生小C，似乎在问是否满意他的回答。

小C（女生）：如果这样的话，那干吗还要分江河湖海呢？索性全都叫海好了。

小J不好意思地微笑着坐下。

师：我个人的看法是这是不是人们的一种习惯说法。（老师是以一个普通讨论者的身份加入同学们的讨论）比如我今年到云南去了一次，云南没有很大的像我们所见到的那种面积的海，但是云南有一个湖，叫碧塔湖，当地人也把它叫作海，因为他们觉得那个湖在当地已经是面积很大的了，所以人们觉得它也应该称为海。然而，从海的定义来说，它有可能不具有这样的标准。

小K（男生）：老师，我是这样认为的，海水与湖水的差别是，海水的盐度比湖水高，死海是一个咸水湖，当然高于湖水。（一位女生和一位男生同时站起，并同时发言，所以听不清楚，女生用手捂住嘴笑了起来，然后坐下）

小L（男生）：那为什么黑海、里海也称为海呢？我觉得是这样，因为当地人觉得这个湖很大，所以就称为海，把它称为海后，也就把它里面的水称为海水了。

师：北方有一些湖叫什么？好像专门叫"海子"，对不对？比如，你们到北京去过没有？北海、南海、什刹海，这都叫海嘛。

小C（女生）：这些海都是水域的名称，但是作为一篇文章，尤其是作为一篇说明文，应该是很严密、很有科学性的，而不是胡乱的，猜测乱写的。（同学们把这个问题看得很重要）

师：她觉得这篇文章——既然说明文讲究科学性，这个死海就不具有科学性，不能称之为死海。

小 C（女生）：我不是说这个名字，名字是不一定的，比如说，有一些人名字里有一个"龙"（字），但是他不一定是龙（同学们都笑了），所以虽然名字叫死海，但是叫它里面的水就不应该叫海水，而要叫湖水（进一步点明她的问题，看来同学和老师都误解了她的意思）。

小 L（男生）：因为他的名字里有"龙"，所以我们叫他"龙龙"，（同学们笑）死海里的水就叫海水。

小 C（女生）：但是，他未必就是一条龙，死海也未必就是海呀。

小 L（男生）：仅仅是个称谓而已。（女生站起来又坐下，笑了）

师：好，（指着开始提问题的女生）你还有话要说吗？

小 C（女生）：名字不一定要具有科学性，但这篇文章中的海水必须有科学性的呀。（一直在坚持，很执著）

师：那么你的意思是说，这是一篇说明文，讲究科学性，既然死海是已经约定俗成的叫法，那么作者在介绍死海的时候，有必要站在现代科学的角度，对死海下一个准确的定义，是不是这个意思呀？包括下面写的时候，不要讲海水，而要叫湖水，这样，会使我们掌握更准确的信息。我觉得她这样说是有道理的，包括你们刚才的讲法，我觉得也有道理，是吧。是不是把它写下来，可以继续讨论下去？（鼓励同学们的批判怀疑精神和认真执著的学习态度，同时老师也可以坦言自己在此类问题上的知识不足）

在这个棘手的问题解决后，老师转身向讲台走去，带领同学们完成后面的教学任务。他们的讨论在继续，争论在继续，思考也在继续。

关于这个案例的思考

这种"无须举手，有话就说"的课堂教学行为，张扬了学生的个性，调动了学生学习的积极性和主动性，把课堂还给了学生，学生和老师共同成为课堂的主人。同学们驰骋于辽阔的思维空间，既学到了知识，又体验到了师生之间、生生之间的合作、平等，自信、积极、主动、争强等品质也在不知不觉中得到了提高和锻炼。在这个案例中，至少有这样四个问题可以引起我们的思考：

1. 老师为什么"插不上嘴"？

在这堂课上，老师与同学之间的平等关系得到了充分的体现，同学在课堂上可以自由发言，并不只是一种形式，而确实是教师的一种教学观念的体现，教师自觉地将同学作为平等的学习伙伴，尊重同学的想法，思考同学的想法，在学生发言的时候，他宁愿不去插嘴，以免打断同学们的争论，或影响他们的思路。然而，在教学中，师生之间的平等并非不要教师的主导作用，在学生发言时，教师应适时、适量地介入，以确保不出现跑题的现象，特别是在出现事实性的错误时，更是应当及时指正。

2. 小组讨论的作用如何充分体现？

在组织小组讨论时，应当充分体现出小组成员之间的合作。比如布置给小组活动的任务应当是通过小组成员合作才能完成的，如果活动的任务不需要成员之间的合作，小组成员个体独立就可以完成的话，那么，小组合作就失去了它的意义。再如，汇报小组活动结果时，小组成员之间应当以一名成员为主，其他成员进行补充，以保证回答完整。在这堂课上有一个情节：在一位同学准备补充同组同学的发言时，没有得到老师的允许，后来这个男生没有再发言，不知是他要说的话已经被别人说过了，还是没有兴趣再说了。

3. 在学生全班讨论时，老师"站"在哪里？

在课上第一小节中，由于是上课开始，同学们还没有完全进入状态，对学习的内容还不够熟悉，在这种时候，教师组织讨论时应当"站"在学生的前面，引导学生讨论和学习，这样，在学生回答问题不够完整时，对他进行追问，有助于学生专注于问题，也有助于引起讨论。在第二小节中，同学们的讨论异常激烈，他们争着发言，以至于老师必须制定发言的顺序规则，江老师根本"插不上嘴"，在这样的讨论中，老师"站"在了学生的背后。在第三小节中，讨论的出现与前两个小节有所不同，学生提出了新的问题，出乎老师和同学们的意料。单纯从课堂教学内容来看，它似乎偏离了教学目标，但如果从培养学生独立思考、挑战权威、不唯书唯上的学习品质看，它又有一定的意义。尽管有些跑题，有些出乎意料，但是为了保护同学们发言、讨论的积极性，为了使同学们养成爱动脑筋、独立思考的好习惯，老师又以一个讨论者的身份加入同学们的讨论，此时他没有站在同学们的背后，而是站到了同学们的中间。当然，在这样的情况下，由于事先未作准备，老师也需要在讨论中边组织边思考，所以，先让大家自由发表自己的看法。我们看到，同学们讨论的积极性并没有因为老师的介入而受到影响，他们照样大胆地发言，甚至反对老师的看法，课堂上散发着浓厚的民主、平等的气息。

4. 在组织课堂讨论时，教师是否可以适时"移位"？

在组织学生发言时，也应当考虑到引导学生学会尊重别人的发言，争论发言是一种批判性思维方式的反映，讨论者往往会以一种批判的眼光去看待别人的发言，教师应当引导学生在批判的同时学会欣赏；自愿回答是课堂回答的一种方式，由于这种方式独有的特点，可能会造成课堂上同学回答面的减小，因此，在组织全班讨论时，教师应当考虑如何解决这个问题，在出现这种情况时，教师是否可以适时地从学生背后走到学生的前面，对学生的讨论加以引导？

（由上海市长宁区教育学院吕洪波老师撰写）

四、反思

反思是在行动和观察之后作出的，它既是行动研究第一个循环的结束，也意味着新的行动研究循环的开始。反思的目的就在于寻求教师行动或实践的合理性。这种反思大体涉及两个方面：一是对整个行动研究过程的系统描述，即勾勒出从确定问题到制订计划、从采取行动到实施考察的整体图景；二是对行动研究的过程和结果进行判断和评价，并对有关现象和原因作出分析和解释，找出计划与结果的不一致性，进而确定原有的研究问题、研究计划和下一步的计划是否需要作出修正，以及需要作出哪些修正。反思的基本要求是：

1. 以研究问题为基点

如前所述，行动研究是始于问题解决的。因此，在反思的环节上，教师需要针对原初的问题具体地展开反思。通常的提问方式是：我是否解决了原初的问题？或在多大程度上解决了原初的问题？还有哪些问题需要在下一步的计划中得到解决？等等。

2. 以研究计划为参照

教师的行动或实践是在研究计划的指导下展开的。结合研究计划来反思行动或实践，具有两个方面的作用：一是有助于考察原有研究计划的合理性。这种合理性是与问题解决和实践改进紧密相关的。如果通过研究实践，未能解决现实的问题或改进原有的实践，教师就需要进一步思考：这一状况是否与研究计划有关联？在多大程度上有关联？由此是否可以判定原有计划是失当的，以至于可以放弃原有计划？等等。二是有助于完善下一步的研究计划。无论原有计划的合理性如何，都有对下一步的研究计划提供参照的价值，因为我们在后续的计划中可以汲取其合理性的方面，摒弃其失当的或不合理的内容。

3. 以教师行动为对象

在行动研究中，反思都是行动者的反思，是教师对自身行动或实践的反观。这种反观有时是描述性的，如对行动或实践所处的教育情境的记述；有时是批判性的，如多角度地对自身行动或实践合理性的综合剖析。下面引述的案例是一位教师在教学活动中，对自身行为的困惑所作的分析。

案例 4-5

××××年×月×日，嘉定区区级重点课题"中学语文教师教学科研一体培训研究"课题组一行十余人来到我所在的南苑中学，开始了每月一次的集体研讨活动。其间我执教了初二年级议论文《"挑战者号"追思》(上海市 S 版)。

课后，大家开始自由评课，畅言己见。在不同的思想交锋中，大致形成了两种意见。持肯定意见的一方认为这是一堂好的语文课：师生互动有较充分的体现，既有阅读方法的点拨，又有阅读材料的语言积累；既有文章内部结构的创新发现，又有向课外的延伸探索；学生有所"得"，教师有所"获"。虽然因容量大而使时间稍显紧张，但基本无碍。而持反对意见者则认为：教学设计虽然很有特点，但是过于复杂，其实可以化繁为简，在开头事例引入时，教师受到了课本的局限，只围绕"探索的重要性"这一话题设疑，使学生的思维受到了一定的制约，完全可以从不同角度发散，"一体两翼"的结构也没有用彩笔描绘加以突出，由于引入部分花了将近十分钟时间，后面的精彩处高潮起来时，时间已经快到了，令人感到非常遗憾。

我自己也感到有一系列困惑，突出地表现在三个方面：

（1）互动阅读中，对学生的充分读书这个度究竟该如何去把握？

（2）互动阅读中，怎样既尊重每一个举手的学生的发言权，又不影响教学进程？

（3）互动阅读中，除"问题教学"之外，教师究竟还要做些什么？

同时，我也对这堂课作了以下两个方面的思考：

其一，无论是学生的学，还是教师的教，读文本是基础。学生因读而发现领悟，教师因读而认识把握。如果没有学生的读书，或者没有充分的读书，那么，无论老师有多么精妙绝伦的讲，学生也不会有太多的收获，更谈不上师生互动。反观当今的初中学生，其心智水平尚处于从幼稚走向成熟之间，其认识的片面浅表性使得他们还不善于深入文本去发现，去理解。所以，如果不让他们充分读书，他们在课堂上的语文学习就只能是盲目和无的放矢的。但对学生充分读书的度的把握，我们又不能不正视。这个度应体现在以下几点：首先，在阅读时间上要充分，"工欲善其事，必先利其器"。没有时间和空间的阅读只能是浮光掠影。其次是读通读懂，能够挖掘出学生的生活积累和生活体验，从书中读进去又读出来。第三是读书读到让学生在愤悱中求突破，难以"破茧化蝶"，特别期待老师的指引。

其二，问题对于师生互动阅读而言是强有力的支撑，换言之，问题不可或缺。然而，教师将自己对教学内容的理解化为问题时，难免会忽视学生自我发现问题这一心理欲求，有可能降低师生互动阅读的真实效果。其实，教师与学生的活动绝不能互相替代。只有当问题成为师生共同的发现和探索的内心契合时，问题的真正价值才可凸现。

"问题教学"之外，教师可做的事还有：（1）拟定看得见摸得着的互动学习目标。尤其是课外的美文，无现成的照搬。（2）示范自己创造性的阅读体验。只问学生，不诘老师，算什么互动？（3）给学生以情感上的支持，是推动互动阅读螺旋式上升的力量。

在互动阅读中，教师不能永远报以谦虚的微笑及廉价的表扬。教师要以新的视角去审视材料，以新的视角去审视学生，不仅要是经师，更要是人师。

（由上海市嘉定区南苑中学杨敬奎老师撰写）

4. 以改进实践为归宿

行动研究从教育实践中的问题开始，最终走向教师实践的改进。教师反思的指向也应该是实践的，即在研究的过程中，教师个人的教育教学素养是否得到了提升？是否增进了教育教学实践的合理性？

下面引述的实例反映的是教师对自身研究和行动成效等进行的反思。

案例4-6　学生给了我启示

作为一名教师，我也希望我的学生能从题海中走出来，使他们学得轻松，使学习成为一种享受。然而，一个严峻的现实摆在面前：同类型的问题，讲解过多次，做过多次，订正过多次，但还是有近半数的同学没有完全掌握，有些常见错误已成了顽固性病症，久纠难改。而且我了解到这种情况在教学中屡见不鲜。这不得不让我对我的学生产生了怀疑：连老师讲过的知识都不能掌握，如何培养他们的创新精神和实践能力？他们能行吗？

一次偶然的机会，改变了我对学生的看法。那是一堂立体几何课，一个对于初学者来说易犯的错误出现后，我正要讲评，不料被一个学生抢先："这个好像有问题。"我鼓励他大胆地把疑问说出来，当他不很肯定地说出心中的疑惑时，马上得到了其他同学的认同，结果在那天的课外作业中，我惊喜地发现同类的错误几乎没有出现过。而这个错误在我以前所教的几届学生中曾反复出现，同类的错，老师讲与学生自己讲竟会发生如此大的差异？原因何在？这不得不引起我的深思。

以前的纠错很大一部分是由老师或在老师的要求下进行的，学生始终是一种被动状态下的"跟学"，缺乏自身的体验、反思、感悟的过程，满堂灌、死做题难以形成自身的学习策略或思想方法，那么，在数学教学中能否发展出一个专门的环节——"说错"环节，由学生在互动方式下自己把自己习题中产生的错误说清楚，获得纠错的实效，达到主动探究、主动订正的目的呢？

（这种教学策略在实际中运用了一段时间后，教师对实践效果等作了以下反思。）

首先，学生在学习中的防错、查错、纠错能力得到了很大的提高。自构的环境场极大地激活了学生"说错"的愿望，高密度的交互活动带来了高质量的思维碰撞，从错误的产生、收集、加工到"把错误说清楚"，进而获得纠错、防错的实效，迫切形成了完整的学习体验、反思、感悟的过程，形成了一种学习策略和方法。

其次，学生在说错所涉及的一些能力上有了不同程度的进步，学习的积极性大大调动起来，同学反映，自己说过以后，思路特别清晰。学习特别困难的同学说，自己说说，再听别人说说，互相说说，比过去理解得多了。数学不再令他们感到枯燥无味头疼，在每一次的交互活动中，同学们都能互相提供防错心得，增加经验教训积累，更好地提高防错能力。

在"说错"过程中，学生表示出强烈的主动说的需求，改造了教学的被动状态，焕发着强烈的主体意识，面对问题，他们不再躲躲闪闪，而是迎头面对，敢于直视。

在交互活动中，学生的潜能被挖掘出来了。此时，不存在好学生与差学生，大家都可以从别人那里获得知识，特别是差学生，由于积累了较多的错误，因而能为他人提供信息，受到了其他人的欢迎，自信心增强了，学习的积极性也强了；基础好的学生，为了要说给同学听，巩固了所学知识，增强了语言表达能力。在相互带动中，学习气氛浓厚了，探究味更重了。同时无形中，同学间的感情加深了，集体荣誉感也增强了。许多同学自发进行"学生义诊"，利用休息时间为其他班、低年级的同学解答疑难困惑，做到资源共享。这，实在是我的意外收获。我为他们而感到自豪。

当然，"说错"还有很大的局限性——耗时长，有时一节课也说不了几个错，对于教师来说，要在不降低教学要求的前提下在有限的课时中完成正常的教学任务，每周固定时间让学生说错，是一个不小的挑战，必须清醒地认识到，让学生养成会查错纠错的能力和意识，对于他们的终身发展是一笔不小的财富，要舍得腾出时间让学生自主学习，才可能培养学生独立学习的兴趣和创造性思维的能力，激发学生的主观能动性，培养和提高学生善于发现问题并解决问题的创造能力。

"说错"环节发展到现在，更多的是体现在"说题"上，它仅是教学中的一个环节，教学改革远不限于此，是否从说错变为说预习、说解题、说复习，形成一个抓手体系，把学生学习的三大环节统一起来，从深广度结合上探求策略问题，是我思考的问题，而且，它只是理科教学环节上的初步尝试。在文科教学中能否运用还是个未知数。

（此案例来源于http：//www．hefei．gov．cn）

反思，既是研究的一个过程的结束，同时又是一个新的过程的开始实行。正是在这种从反思到问题到计划制订到采取行动到观察再到反思的螺旋式上升中，教师的专业化程度在提升着，实践质量在提高着。

第五章　在过程中生成：研究方案的制定

现有中小学教育科研评审体制基本上是参照大学、专业研究机构的科研运作方式建立起来的，整个研究的程序大体如下：第一个环节是课题申报，学校或教师要将自己待研究的课题以研究计划或方案的形式体现出来，这些课题可能来源于科研管理部门发布的课题名录，可能来源于学校的实际；第二个环节是课题立项，科研管理部门请各路专家（大多为专业研究者）对所申报的课题研究方案进行评审，确定可以立项的课题，并对这些立项课题进行类别上的划分，如重点课题、一般课题等；第三个环节是中期检查，根据研究方案对课题研究进展情况进行检查，以便确定下一阶段是否继续给予经费支持等；第四个环节是成果评审，按照研究方案确定的时间，组织一批专家（同样大多为专业研究者）对课题成果进行鉴定，以确定是否达到了预期的研究目的。

这种运行程序决定了研究方案的重要性和不可更改性，即一旦制定就须照此执行，过程中的变通往往意味着改变了研究的"技术线路"，扭曲了"专家们"已经认定了的研究步骤等。同时，这种运行程序也决定了教师在确立自己的研究课题和对象时的"无助"和"失语"，对什么样的课题可立项、什么样的研究成果可获得肯定，他是很少有发言权的，并且他会因迎合课题立项评审者的口味而失却对真正问题的关注。我常有这样一种感觉，那就是中小学的教育科研还没有形成自身独特的应有的课题运作系统，一味参照大学或专业研究机构的做法，长此以往，虽然也有少数教师受益，但大多数教师会被排除在这种既定的研究框架之外，渐渐对教育研究失去兴趣。

实际上，中小学教师的教育研究很少是由一个所谓立项了的研究方案来统率的，研究过程中的变化与调整，反而是正常的，甚至是保证研究能够真正解决实际问题的前提。换句话说，在研究过程中，教育教学实际情境的变化、师生关系的调整、教师个人时间精力的重新分配、学校管理者管理行为的转变、新问题的出现等，都会成为研究方案重新制定的重要动因。可以说，中小学教师的教育研究方案是以在过程中生成、在动态中拟定、在研究中更新作为主要特点的。之所以具备这些特点，就在于中小学教师不是专业研究者，他们是在行动过程中进行研究，而行动过程中某一因素的变化有时就会导致研究步骤、方法等的变化；就在于中小学教师的研究总是指向一定实际问题的解决的，问题的场景不同了，先前没有预料到的新问题出现了，预定的方案也就需要相应调整。在实践中，我们甚至几乎找不到一个不曾发生变化的研究方案。

中小学教师研究方案的动态变化，至少有以下几种形式：

一、转换

在研究中转换研究问题，用新的问题取代原有的问题，是在动态中生成研究方案的一种形式，也是对原有方案具有颠覆意义的一种形式。比如，某位教师在起初的研究方案中，是以"什么样的问题适宜学生讨论"作为研究对象的，但在研究和实践中，他注意到，学生并没有真正参与到讨论当中去，除了问题选择得当的因素外，更为重要的是什么样的组织形式才是学生讨论所需要的。看来，应该把研究问题转移到讨论的组织上来。接下来，教师设计了一系列组织讨论的形式，如对组交流、"自主择伴，结对学习"等，并依据新的研究方案进行研究。

案例 5-1

《黄河的主人》是小学语文教材第九册中的一篇课文，我基于新课程改革对语文教学的要求，在第二课时设计了以下教学结构：第一步，复习巩固，渲染黄河的气势。用多媒体显示动态的黄河画面，让学生一走进课堂，就进入一种情境之中。第二步，学生质疑。给学生充分的时间提出疑问，教师用最大的耐心和最具启发性的语言，激起学生的疑问。第三步，围绕问题自学，小组讨论。第四步，全班交流，相机进行语言文字训练和朗读训练。第五步，配乐朗读。第六步，自由选读。

课上完后，我冷静地进行了反思，发现当初的预想与实际的课堂教学效果尚有一段距离，主要表现在以下几个方面：

其一，原想学生会连珠炮似的向我发问，掀起课堂教学的第一个高潮，实际上学生只问了几个问题，而当我再次诱导启发时，学生只不过是换一个说法问同一个问题而已。原本设想学生会发散性提问，后来自然趋向聚敛性，为什么会这样？仔细想想，还是我自身的原因，没能真正做到"任凭风吹雨打，我自闲庭信步"。在质疑前，我作了大量的准备，并将质疑的契机口很明确地指向一点。因为只有这样，才能保证课堂教学按原定程序进行。最深层次的原因，是我对课堂教学的把握没有足够的信心，在这种心态下，虽然知道课堂教学要将学生放在第一位，但关键时还是只能虚晃一枪罢了。

其二，原想学生在自学时遇到问题会主动举手与我商量，在课上我也作了这方面的说明，但是没有一个学生这样做，是每个学生都没有困难吗？如果是，就证明教学内容本身没有挑战性；如果不是，那又是为什么？是因为长期以来，在课堂上，教师在学生的眼里，永远是个"监察者"。即使教师已经意识到这一点，明确否定了这一点，学生对教师角色的定位也不是几分钟就能转变的。

其三，我选择用小组学习的形式组织教学，综观整堂课，这一学习形式的效果并不令人满意，有的组唧唧喳喳，你争我夺，发言者根本不关心别人的意见；有的组死气沉沉；有的组某生独当一面，简直是搞一言堂，余者被动至极。小组学习在理论上、表面上，像是解决了学生的参与度问题，让每个学生都主动地参与到学习过程中去了，但实际上并没有达到真正的效果。仔细想想，教师很自然地将四人组成一个小组，并指派小组长，四个缺乏合作学习意识和技巧的学生是不能真正地进行群体学习的。小组学习是一种很好的学习方法，但不是任何课拿来都能用的。课前，教师必须对合作学习的一些技巧进行培训并模拟；而在课上，教师要相机指导各小组学习。

通过以上反思，我找到了课堂教学中存在的新问题，计划在以后的教学中着重在以下三个方面进行新的探索：

1. 更多地从学生的角度理解和设计课堂教学。在教学《黄河的主人》时，我的主导思路是：让学生自己提出问题，自己解决问题，在解决问题的过程中，培养学生的自学能力。在百思不得其解时，可主动请老师帮助，将这种对知识探求的主动权还给学生。这种思路是正确的，但从课堂实际情况来看，以后还应让学生更深刻地体会到：自己不仅是个独立的个体，更是许多个体中的一个。教师参与学生的讨论，也不仅仅是关注讨论的结果，更重要的是关注学生的讨论过程，关心每位学生在讨论中的角色、地位和心理，并相机疏导。教师要有意识地将全班交流的机会让给那些讨论中并不活跃者，激发他们参与讨论的积极性。教师要做学生真诚的同行者，教师的一言一行应是发乎内心的，真正地理解学生，真正地理解每一个学生不同的学习方式。

2. 更多地关心学生学习时的情意状态。语文教学是通过语言文字塑造的艺术来影响学生的，因此，语文教学不单单是认识活动，同时也是情感活动。以往我较多关注的可能是学生的认识过程，较少关心学生在学习过程中的情感、意志、品质、个性等，以后要始终以饱满的热情去感染学生，激发学生学习的欲望和动力，不仅要训练学生的大脑和双手，更要让每个学生的情感细胞兴奋起来，从而发展学生的情感智慧。

3. 积极创设自由、和谐的课堂生活氛围。课堂中应有足够的自由学习的时空，有充分的时间让学生自学、讨论、感悟、思考，有充分的空间让学生自由选择，如选择自己读得最好的一段话或一句话，读给同学听。另外，师生之间、生生之间的关系应趋向于合作，而非竞争、对抗。

（摘编自李健《课堂的主人》，载尤仁德、黄向阳主编《"学会关心"研究》，上海三联书店 2001 年版）

二、细化

起初的研究方案可能只是一个大致的构想，在研究中，这种构想逐渐具体化，方案越来越具有可操作性。比如，某位教师发现自己班级中的一位同学在与老师和其他同学的交往过程中有一些过激的言行，他觉得有对这位同学进行个案研究的必要，一开始的设想还是较为粗略的，在与这位同学进行交往的过程中，他逐渐形成了甄别学生过激言行存在原因、采取得当行为对策、整合包括家庭在内的各种教育资源的具体方案。方案在研究和实践过程中变得越来越具体、详尽。

案例 5-2

那是 2001 年的金秋十月，我有幸参加了第三期全国中小学骨干教师培训。三个月的集训即将结束时，按有关规定，每位学员要选一个课题返校实验，一年后，将实验情况写成报告或论文，作为培训的结业论文。接到通知后，许多学员或找导师或查找资料选择研究的课题，而我却陷入了沉思：这三个月我的收获是什么？本次新课程改革到底要改什么？20 年的教学实践，我的经验有哪些？教训又在何处？经过一番冷静的思考与回顾后，"学习方式的变革"便定格在我的脑海里。

大方向确定后，我便开始收集信息，查找资料。在查找资料的过程中，我发现以"研究性学习"、"探究性学习"、"合作性学习"为关键词的文章频频出现在报纸、杂志和网上。看来，我所确定的内容还是新课程改革中的一个热门话题。但什么是"研究性学习"？何为"探究性学习"？两者之间有何异同？在进一步搜寻后，发现众说不一。最让我失望的是几乎所有关于"研究性学习"或"探究性学习"的文章谈的都是中学的教学。于是，我再度陷入了思考，并产生了疑惑：难道小学就不能进行探究性学习？正是这一疑惑，激发了我对这一问题进一步探讨的兴趣。

我带着收获后的欣喜，也带着思考中的课题回到了学校。

时隔三月，学校的变化非同寻常，我明显感受到了清新的课改气息。学校领导敏锐的洞察力，对课改作出的迅速反应，使学校教科研工作进入了新课程改革的快车道。在这种良好的科研氛围中，我带回的"小学数学探究性学习的实验研究"课题作为武汉市"创新教育"研究的子课题正式启动。

为了不加重老师的负担，我将此课题的研究与学校的"十五"课题和常规教研整合，利用每周的常规教研时间和科研日，和数学教师学习、讨论，并鼓励课题组的老师上研究课。研究刚刚开始，就有不少数学教师争上研究课，有课题组的成员，也有非课题组的成员。老师们的这种热情极大地感染和鼓舞着我，在教导处管理工作异常繁重的情况下，我挤出更多的时间深入课堂了解课题研究情况。调研中，我既看到了教与学方式的变革带来的可喜变化，同时也发现一个令人担忧的问题，即部分教师走入了改革的误区——从一个极端走向另一个极端。如一位教师执教"一个数除以分数"时，大胆地运用了"猜想—验证"的探究性学习方式，前面的"学生猜想"、"验证"环节都比较精彩、顺利，可是，当让学生汇报验证过程和算理时却出现连续卡壳的现象。奇怪的是老师仍然很冷静地坐在学生的位置上，不厌其烦地换学生上去讲解，结果没有一人能讲清楚，于是，老师决定再让学生在小组内讨论。没多久，下课铃响了……

应该说，这节课的设计意图是好的，但实际效果却不尽如人意。下课后，我及时与这位老师进行了交流，既肯定了她的成绩，又一针见血地指出了这节课的问题，并就如何处理好学生主动探究与教师适时指导的关系进行了商讨。同时，在当周的数学科研活动中，再次剖析了这一案例。平等的交流、真诚的导引、及时的反思使老师们在案例的剖析中产生了"顿悟"，加深了对探究性学习实质的理解。我也在和老师的一次次互动交流中获得了许多感悟，为研究报告的撰写及模式的提炼积累了宝贵的第一手材料。

（摘编自廖玉兰《迟开的"小百合"》，载陈佑清等主编《校本研究个案透视》，湖北教育出版社 2005 年版）

三、分化

将先前对某一个较为宏观的研究问题的构想，逐渐分化为几个不同的研究问题，再分别对这些问题进行研究，形成新的研究方案。比如某位教师深感自己的课堂教学有许多不尽如人意的地方，试图对课堂进行较为深入的研究。在一开始的研究构想或方案中，课堂教学是作为一个整体出现的，呈现的是一种综合的或者说混沌的状态。在研究过程中，课堂需要变革的行为变得清晰了，影响课堂变革的方方面面的因素有所知晓了，教师也就自觉不自觉地将原来的课堂教学的整体变革分解为几个不同的方面，如师生互动的强化、学生自主学习时间和空间的创设、学生质疑问难行为的培养等，重新制定方案。分化的结果是研究的针对性加强了，研究深入了。

案例 5-3

2003 年 9 月，我怀着兴奋的心情，充满向往和憧憬，告别旧单位，来到新学校。这是一所硬件非常好的新办学校，高中部学生文化基础较差。新学校安排我做班主任，我暗忖，这是小菜一碟。

我所带的班级以前是一个散乱差班级，我接手时，高二年级共四个班，刚刚按科分班，高一年级的调皮捣蛋的学生大都分在我班，什么"七匹狼"、"四大金刚"等"名角"应有尽有。学生任性、顽皮，高一成绩年级倒数第一，平均总分比同年级倒数第二名低几十分，学生普遍信心不足。与我班形成鲜明对比的另一些班级，学生基础相对较好。工作中，我们几位班主任私人关系很好，相互配合，互相支持，但在工作理念、工作方法、价值取向上截然不同。我颇为自负，顽固不化，坚持己见，努力按自己的思路工作。一年后，我的班级的情况虽然也有进步，但没达到预期的目标。而按照另一种工作理念运行的平行班级，也并不差，有的班级还有明显的效果，好像更平静，成绩更好。我自认为更科学、更合理、更先进的方法却没有获取更大的成功。

我闲暇时喜欢看书，积累了一些新观点，这些新观点符合新课程理念，符合教育教学发展的新趋势，我总想找一块试验田试试。工作十六年，在原学校大部分时间总是在台上吆喝，总是站在指挥的立场，总是从评价的角度看问题，以旁观者的身份居多。来到新学校，有一腔激情，把一些我认为班主任必须做到的要求、原则写在班主任工作日记扉页，好像胸有成竹。加上肯吃苦，按照早已打算好的设想付诸实施，不同方法争相上场，思想碰撞由此展开，但困惑也接踵而来，演绎一场悲喜话剧。

一、民主平等与专权集中的取舍

　　刚接手这个班级，我就认定，应该坚持民主平等的原则。一年来，我确实事事注意用民主平等的方法。班级干部民主选举产生，并定期开会，总结工作；决定班级大事，先征求学生的意见，采纳大部分学生的要求，再定下怎么做；给予学生应有的尊重，尽量照顾大多数学生的意愿办事，就像我以前领导成人、管理单位一样；评比三好学生，评比各种不同的先进个人，都是民主投票，公开唱票决定；调换位置，先让大家找相对满意的地方，由学生自己找对方商定，同意后，统一时间调换；定期找学生谈心，了解情况，予以鼓励，平等交流；学生犯错误时，让学生坐下来，由他讲理由、讲认识、讲过程，然后动之以情，晓之以理；上课时，平等探讨问题，允许学生犯错误，允许学生改正错误，允许学生保留自己的观点，允许学生开开玩笑，活跃气氛；每周班会，都是学生自己总结，自我表扬批评，自己打分，自我评议。我总认为自己做得还可以，应该说是一种新理念，是正确的做法。刚开始时，学生确实觉得新鲜、好奇，激发了他们参与的热情，班级工作出现了一种新面貌。但同时也带来了不足之处，每一种决策，总伴随着一些混乱，总伴随着一些矛盾和纷争，总有一些不同意见得不到满足，总有一些内耗产生，甚至出现一些学生纪律松散和自以为是的事。看看相邻的班级，班主任大权在握，什么样的事情都是一个人说了算，"说你行，你就行，不行也行；说你不行，你就不行，行也不行"，专断专权，高度集中，学生虽有一点意见，不敢反驳，不敢讲话，只能私下里嘀咕，倒也相安无事，倒也显得秩序井然。我知道前一种方式学生心理更平和，生活质量更好些，更有利于培养学生，对学生将来的成长更有利，但困惑的是：哪种方式更适应现实中的学生？周围很多好友都说，差学生不适合这种方法，我们学校的学生，无论智力因素还是非智力因素都很差，根本不能与他们讲民主和平等，只能强压水牛喝水，灌输知识。是知识和秩序重要，还是心理素质、生活质量重要？是现在重要还是将来重要？面对同事的揶揄，面对领导的批评，我固执己见，在怀疑中坚持，在观望中彷徨。

二、鼓励表扬与呵斥讽刺的斟酌

我一直认为，教师最大的技巧，在于表扬学生，在于会表扬学生。每节课，不管学生回答什么内容，我都要挖掘其中的合理因素，找到值得肯定的地方，给予表扬，从不讽刺挖苦学生；每周班会，我都大张旗鼓地表扬学生，找到每一个学生的闪光点，激励他们进步，让他们看到自己的希望；每一次作业，尽量写上学生期待的批语，让他们看到发展的希望；每一张试卷，都不忘用红笔写话或抄录名言鼓劲；每一次学生犯错误，在指出他们不足之处的同时，不忘肯定他们的长处，不吝啬老师的表扬；每次考试结束后的总结，都立足于鼓励，把表扬作为主旋律，贯穿于整堂课，决不公布成绩不好学生的名单，决不公开披露学生的名次；每次家长会，都尽量让家长看到学生的长处，同时委婉地讲出不足之处，不让家长失望，不伤学生自尊；每次家访，都带给家长一份安慰，带给学生一份信心；每次见面，总忘不了指出学生的长处和优点，给学生一份快乐。一次又一次，鼓励，成了我教育的一种方法，成了我教学的一种风格，成了我工作的一项原则，一段时间下来，我的课堂很活跃，学生的精神面貌很振奋，学生的信心好像也大增。看看相邻班级，班主任更倾向于使用批评、挖苦和讽刺，更多地施加压力，说我们的学生基础差，不适合鼓励，一鼓励他们就上天了，不知自己是谁，不知自己有几斤重了；说我们的学生在这个年龄不适合鼓励，他们的心智不成熟，还不能正确地认识自己，如果抬高了他们，他们就不会再用功了；说我们的学生意志不强，自制力差，容易飘飘然，他们自我表扬很到位，只有把他们的气焰压下去，让他们抬不起头来，他们才会跟老师走，才不敢乱来。又一段时间下来，我班的学生更活跃了，信心更足了，但成绩不见得有多少长进，其他班的学生成绩也差不多，好像外甥打灯笼——照旧。被批评好像更能让学生记得牢、印象深，更能让学生不敢违背老师的意愿，挖苦好像更能让学生完成老师的要求。确实，表扬和批评都是促进学生上进的手段，然而，让我困惑的是，哪种方法更适合基础差一点的学生？

三、自主自立与管卡压制的碰撞

我特别欣赏自主式的管理，我自己有一套理论：假如学生不自觉，十个老师也管不住，就算是篮球场上的人盯人战术，也盯不住。学生如果与老师对着干，他的能量很大，所以，应该让他们自己战胜自己。我信服魏书生老师的话："每个人身上都有两个自我——向上的我和不求上进的我，培养学生向上的自我，引导学生向上，战胜自我，节省老师的精力，效果也好。"在实践中，我坚持这样做。让学生定理想，通过理想激发学生向上，每隔一阶段发给学生看看，增强他们的学习动力；学生每周自我反省，自我总结，让学生自己发掘长处，知道自己还有哪些不足之处；着力于培养学生干部，让他们敢于负责，每个学生干部分管一项工作，负责一天的值日，帮助一名学生，做好一次工作总结；构建一个机制，实行学生班主任制，让每个学生都有机会上台工作，每个学生一周，一周内的工作都由这名学生负责处理。学生自主自立，班级由学生自己管理。把学生自主自立自理自强自信作为班级的班训，要求每个学生都做到这些要求，老师对照原则工作，学生对照这些要求生活，一段时间下来，无人的自习课也比较安静，班级的生活、卫生、体育、学习、休息等各方面秩序都比较正常。但也出现了一些问题，自觉性较差的同学，还是避免不了犯错误。自主了，有些学生就专门打擦边球，专门找些事情来张扬自己。相邻班级，则按照学校的统一要求，事事都是班主任上前，管卡压作为常规武器，常用不衰。学生回家，要签字，证明其已回家；学生回家做了什么作业，干了什么事，要家长签字，证明其没干其他事；什么时候来校，要家长签字；请病假，请事假，要家长签字。把学生控制得死死的。早上，班主任到校组织早自习；中午，带学生排队就餐，看午休；晚上，组织学生晚自习；下晚自习后，到宿舍查休息情况；每堂课都要上课教师反馈信息，说明课堂情况；遇有考试，及时向家长通报情况，每次考试，及时公布学生成绩，让学生感受到压力；更有甚者，安插亲信，在课堂上，在宿舍里，在一切老师看不到的地方，向老师及时报告情况。两种工作思路截然不同，哪种效果更好？事实证明，后一种效果更好：学生的成绩进步快，学生的秩序好，特别是成绩好的学生乐于接受这种做法。我困惑，我纳闷，到底哪一种价值取向更能迎合学生，更能促进学生进步呢？我理解学校和其他老师的做法，不这样做，出不了成绩，学校有生存困难，而且容易出事。就像一列火车，一直按一个方向高速行驶，陡然转方向，是很危险的。从小学到高中，一直是按这样的模式管理，这种方式已经深深地嵌入了学生的血脉，变成了学生的性格，一时或短时间内是改不过来的。一个人走一个方向，其他人与你走的方向不一样，与你用力不一样，周围的氛围与你不一致，就只能招致失败。但我坚信我做的是对的，确实是符合新教育理念的，确实是符合新课程标准的。只是在当前的形势下，在这种氛围中，是否应该变通，是否应该从实际出发？我在斟酌，我在思索，要不要改变做法呢？两种不同的做法，结果反差太大，费思量！

四、全面进步与片面追求的对比

"为了学生的一切，一切为了学生。"为了一切学生，作为一种素质教育的新理念，是我的一种追求，在实践中我也尽力这样做。特别注重学生的思想品德教育，用政治课、班会课、板报、专栏等教育场所来教育学生；班级评比多种榜样，树各方面的典型来引领学生进步；班级设计班徽、班训，谱写班歌，借此来引导学生进步；班级专门出一份报纸，命名为"春雨报"，寓意春雨润物无声之意，以期春风化雨；班级每周都教唱歌曲，利用每周一歌来激发学生向上；班级搞多种活动，展示学生的才华，熏陶学生的情操，培养学生的各种能力。总之，利用一切机会，建设良好的班风，帮助学生全面进步。这种做法，带来了一些效果，取得了一些成绩，学生的思想比以前有所进步，精神面貌比以前有所改变，但结果却并不尽如人意，家长并不认同这种做法，同事对这种做法大不以为然，学校对这种做法则大加挞责，学生也并不领情，认为耽误了他们的时间，且选唱的歌曲与他们的喜好大不一致。邻班则一门心思抓学习，想尽方法出成绩，与学习无关的事尽量不谈，与学习无关的事尽量不做，虽然学生感到有些压抑，但大受家长欢迎，大受学校肯定，学生成绩也大有进步。我在想，为学生的一生负责没错，为学生的全面进步负责没错，但谁为眼前的一切负责，谁为班主任的眼前负责？确实，不搞德育，今天过不好，明天过不去，但先要今天过去才有资格谈明天。学生的情感、价值观、思想品德，在试卷上是考不出来的，所有的工作过程在试卷上是考不出来的，能考出的只有学生的成绩。教师的工作价值反映不出来，这位教师就是低能的教师、无用的教师。单打一，专弹一根弦，稳妥而又安全，省心而又省力，讨好而又有功，何乐而不为？为眼前与为长远，为自己与为国家，为利益与为精神，新理念与现实情况又一次尖锐对立起来，警察的素质加上教师的修养最能适应当前的需要。不同的价值取向，结果对比清晰，何去何从，难以取舍。

正当我在两种不同的方法原则中摇摆不定时，高三年级生活开始了，应一些学生的要求，也是学校的需要，调换了我的班主任职务。我又一次陷入困惑，我做错了吗？四十而不惑，我年届四十而困惑愈多，是否如苏格拉底所说"认识愈多，困惑愈多"呢？先阿Q精神陶醉一番吧！我总感觉同事的做法更贴近实际，更富有效果，更符合当前的需要。

（由江苏省常州市任其宏老师撰写）

四、调整

在研究中对原有的想法进行修整，改变步骤、方法等，使研究方法等更为完善、丰富。这种调整产生的变化可能不如前几种形式大，但也直接影响着方案的演进和执行。比如，某教师在对课堂教学进行研究的原有方案的设计中，仅关注课堂观察中的叙事和对课堂教学进行实录，但是，要全面把握课堂情况，充分占有课堂信息，这些研究手段和方法则显得过于单一，教师逐渐注意到了这一点，在后来的研究中引入了一些新的量化观察方式，如设计一些量表，对课堂中师生交往行为等进行统计、评价。

案例 5-4

新编高中语文教材第二册第二单元第七课是现代作家钱钟书写的一篇读后感——《读〈伊索寓言〉》。文中钱钟书先生的见解非常独到、深刻，表达又含蓄风趣，常常是话里有话。故在教学设计时，我打算从易处入手，先给学生印发课文涉及的九则寓言，然后，在课堂讨论作者揭示寓言所蕴涵的道理的基础上，把握文章的精神实质，体会文章的风格。

教学进程

师：我们已经阅读了课文涉及的九则寓言，也预习了课文，这节课我们先研讨钱钟书先生是怎样阐述纠正这九则寓言的见解的。（板书九则寓言的名称，转身发现学生的反应没有平时热烈）好，我们开始吧。你可以任选一个谈谈你的看法，也可以左右前后讨论一下。（部分学生议论开了）

生1：我选"蚂蚁和促织"的故事。钱钟书先生引申说有些人会利用别人的不幸或成果来抬高自己。

（教师肯定和鼓励，并设法调动其他同学的兴致）

生2：我选"狗和它自己的影子"的故事。钱钟书先生对故事加以引申，说故事斥责那些无自知之明，既听不得批评，也不能知错就改的人。若你对他批评，他反而胡闹，甚至反咬一口。

（教师肯定并鼓励）

生3：我认为狗不懂得水里的是自己的影子。如果知道是自己的影子，它就不会跟自己的影子抢肉。我认为故事适用于那些南郭先生们。他们不懂装懂，结果大闹笑话。

（许多学生抬头望着教师。那位同学的发言抛开了钱钟书先生的思想，可又说得不无道理，出于鼓励，也给予肯定。）

生4：我选"狐狸和葡萄"的故事。狐狸看到藤上熟透了的葡萄，心里想着葡萄一定很甜，而且也很想吃，但够不着，只得说是酸的。我想从心理学上来说，狐狸是一个懂得自我安慰者。如果凭自己的能力办不到，却又非办到不可，那就只能往绝路上走。我以为人有时就需要一点阿Q精神。

（偏离了本课主题，却是从不同侧面对寓言进行了解读，分析在理，

不能打击学生的积极性，值得肯定）

生5：我选"老婆子和母鸡"的故事。钱钟书先生说"大胖子往往小心眼"。我说钱钟书先生错了。有钱人一毛不拔的行为在法律上是许可的，因为财产是他私有的，拔不拔毛是他的自由。

（气氛越来越热烈，来不及评价，就又有同学发言了）

生6：但他太吝啬了，不合道义。

生7：我也说"老婆子和母鸡"的故事。老婆子不懂得母鸡一天只能下一个蛋，违反了客观规律去做事情，受到惩罚（用词不当，应是"挫折"）是必然的事。所以，故事告诉我们要按规律办事。

生8：从"老婆子和母鸡"的故事中我联想到了社会上某些当官的，他们像母鸡一样吃百姓的，拿百姓的，可是越来越贪，却忘了自己的本职，最后走上犯罪的道路。故事告诫人们：要做好自己的本职工作，不要贪心。

（气氛十分热烈，一浪高过一浪）

……

师：刚才同学们从不同的角度解读了寓言故事，也提出了许多独到的见解，甚至与钱钟书先生针锋相对。泰戈尔曾说过："一百年以后读着我的诗篇的人是谁呢？"意思是说不同的人对同一个故事有不同的理解，正所谓"一千个读者就有一千个哈姆雷特"。（学生异口同声地附和）知道为什么吗？（企图拉回上课的主题）

生9：因为寓言蕴涵的寓意非常丰富，每个人又有自己不同的生活阅历以及不同的立场观点。

（教师肯定并鼓励）

生10：伊索曾是一个奴隶，他的处境，使他的寓言故事更隐晦、更含蓄。

（教师肯定并鼓励）

生11：据有人考证，伊索寓言后面附加的"教训"都是编撰者的思想倾向。所以有些不适合现代社会了。我们可以按自己的方式来体悟。其实，我们也可以编写寓言。

（学生一哄而起："编一则。"该同学脸红了一下，略作思考。教师示意学生安静。)

生 11：编就编，我说猫和老鼠的故事。

一个冬天的下午，猫躺在暖烘烘的太阳底下，靠着主人家的墙根，半闭着眼打盹。忽然一只老鼠"哧溜"一下从猫脚边溜过。猫被惊醒了，睁开眼就破口大骂："你夜里作祟还不够吗？白天还要来骚扰。看我怎么收拾你。"说着就猛扑过去。见此情景，老鼠灵机一动，钻进了墙根的石缝里，转而探出头来对猫说："猫大哥，别那么凶。你也不想想，如果没有了我们，你就没事可做了，主人家就会把你赶出家门。到那时，你就失业啦！"话音刚落，就不见了老鼠的踪影，留下猫在那里一愣一愣的。

这个故事适用于那些不安心本职工作，总是埋怨他人的人。

(师生一起鼓掌，离下课只有两分钟了)

师：这节课我们虽然未能紧扣课文语言进行揣摩、研讨，但同学们从自己的生活经验出发，创造性地阅读了"伊索寓言"。对寓言的理解可说是"柳暗花明又一村"啊！刚才汪审浩同学还当堂创作了一则寓言，而且是一则寓有深意的寓言。其实，我们跟大作家相差不远，只不过他们已成了"家"。今天的作业是写一则寓言故事，字数不限。下课。

下课后，学生议论、感叹，一句"这 45 分钟过得太快了"飘过我的耳边。然而，我却为没有完成课堂教学任务而疑虑重重，也为自己未能运筹帷幄于课堂而忧虑。

两天后，学生交来作业，我一批阅，心中阴云顿消。我真没想到连平时作业马虎、写作平平的同学也写出了富有创意的寓言故事。

(由浙江省奉化市武岭中学孙美菊老师撰写)

五、后发

在起初的研究中，只是有问题意向，并没有具体的研究方案，随着研究的推进，研究方案的制定才逐渐提到议事日程上来。这种先有研究后有方案的形式，在专业研究者的课题研究中，几乎是不可能的，但在中小学教师的研究中则较为普遍。

案例 5-5

按照新课改的要求，我努力改变原有的教学方法，用新课改的相关理念设计自己的教学活动。这节课，我讲的是艺术课"我有十个好朋友"。开始，我先搞了一次活动，请学生用各种方法把这些东西拿起来：课桌上摆的线头、杯子、糖块、玩具等。通过实践活动，使学生了解了手在活动中的重要性。

在活动之中，让小朋友复习在幼儿园中做过的手指游戏，知道手不仅能帮助我们做很多事情，还可以和我们做游戏。接着让学生试着动动小手，作出各种形状、各种样子。小学生好动，乐于展示。

在"猜一猜"中，我在投影仪下做手的动物灯影，请同学们猜一猜，并让学生模仿这种动物的叫声或有特点的动作。

我先在投影仪下做了一个小狗的图影让学生猜，小朋友们通过看图想象，知道这是一个动物图影。我说："小朋友，你们谁还能在这个投影仪下做一个动物手影，让小朋友猜一猜呢？"小朋友们的情绪高涨起来：有的在投影仪下做老鹰的手影，有的做小兔子的手影，还有的小朋友用手做着小手枪之类的手影……

突然，一个小朋友走到我面前说："老师，我不会做灯影游戏，我想画出一只手，可以吗？"本来我想批评他一顿：不会做，你可以看看别人做的呀！但是，面对那双真诚的眼睛、那颗稚嫩的心灵，我突然想到：这不是让学生张扬自己的个性，展示自己的最好机会吗？于是我说："好吧！你可以看看自己的小手，画一画吧！"

一会儿，这个小朋友把画好的一张手影画送到了我面前。他把张开的小手印到了纸上，上面还添了一只眼睛，一个尖尖的小嘴，很像一只羽毛还未成熟的小鸡。画得真好！我不禁想到：每一个学生都有自己独特的思维方式，我们在课堂上应努力挖掘学生的潜力，发挥学生的才能，发现学生的闪光点，对老师来说，这是启迪学生心灵的一把钥匙。

在以后的教学中，我逐渐形成了"课堂是发现学生闪光点的地方"这一基本观点，并将发现学生课堂学习中的闪光点作为研究方向，详细制定了研究方案。

（由山西省曲沃市郭淑芳老师撰写）

研究方案变化生成的五种形式，都说明在中小学教师实际的教育研究中，一成不变的研究方案是极为少见的，在研究中生成是教师教育研究的固有特点和主要体现方式。注意到这一点，意味着在研究未开始之前并不见得就要把方案设计得"天衣无缝"、周密详尽，意味着在中小学教师教育研究中采用以方案定课题立项的方式并不见得得当，意味着教师在研究中应更多关注随机出现的情境、不轻易放弃偶发性因素，意味着教师在研究中有更多的主动权和自主权。

第六章　教育日志：研究成果表达形式之一

　　教育研究方法与成果表达形式多种多样，但并不见得所有方法或成果表达形式都适合所有的教师。一般说来，便于操作、与工作实践相辅相成、"工研"矛盾不突出的方法或形式，才是适宜于教师研究的。回顾教师从事教育研究的历史，不难发现，大致走过了从20世纪80年代中期大力实施程序繁复、要求严格的实验研究，到20世纪90年代末以来的倡导探寻教育意义的叙事研究等方法的历程。这一变化，不仅仅意味着随着对教育认识的变化，研究方法与成果表达形式开始从一味注重量化转向注重质化，质的研究成为教师关注的焦点；而且也昭示着教师在尽力探索属于自己的研究方式，搜寻与教育实践质量的提升相一致的研究成果表达形式。应该说，这是一种可喜的变化。它可能导致教师教育研究形态的根本转变，迎来教师在教育研究中独特的话语方式和对教育的独到理解。

　　循着这一变化，一些研究方式和成果表达形式进入了我们的视野：教育日志、教育叙事、教育反思、教育案例……这些研究方式和成果表达形式，或自由表达，或理性提升，或问题取向，或直抒胸臆，成为教师研究的基本存在形态。后续各文将对这些研究方式和成果表达形式逐一加以介绍、分析。这里着重探讨的是教育日志。

　　教育日志（也称为"教学日志"、"研究日志"、"工作日志"或"教师日志"）作为表述教师研究成果的重要方式之一，是近来才引起大家关注的。以往，人们常有意无意地将这种研究方式排斥在研究之外，觉得写写日记、作作记录称不上研究。假如我们同意教师的研究是对自身实践所作的持续不断的反思，从根本上不同于专业研究者的研究的话，就没有理由不把日志这种形式纳入研究的阵营中。因为在日志中，展现的是教师对教育生活事件的定期记录，在他（她）把真实的生活场景转化为文字、语言符号加以记载的时候，他（她）也就是在梳理自身的行为，有意识地表达自己。国外的一位中学教师，曾如此描述日志是怎样与自我成长结合在一起的：“（日志）是一种有价值的工具。我经常回来读一读在过去的一周发生了些什么。我能够注意到一些关于我教学的事情，例如，有用的和无用的教训。我每星期至少做四次记录。这看起来能使我专注于教学实践中的关键问题。”（〔美〕阿尔哈、霍利、卡斯滕著，黄宇、陈晓霞、阎宝华等译：《教师行动研究——教师发现之旅》，中国轻工业出版社 2002 年版，第 236 页）通过撰写研究日志这种方式，教师可以定期地回顾和反思日常的教育教学情境。在不断的回顾和反思的过程中，教师对教育教学事件、问题和自己认知方式与情感的洞察力，也会不断加强。具体而言，教师将更加深入理解学生的问题，从多个维度来认识教育中的特殊现象；教师将更加了解自己是如何组织教学的，了解最适合自己的教学方式，了解如何获得那些支持教学的各种教学资源，等等。与其他形式的研究方法或成果相比较，日志的撰写最为简单和便捷，只要有纸、笔，有时间，就可以写，当然，也可以直接在电脑上撰写。

一般地说，日志不是仅仅罗列生活事件清单，而是通过聚集这些事件，让教师更多地了解自己的思想和相关行为。日志通常需要每天或几天记录一次，至少是每周记录一次。在日志中，记录的是教师在实践活动过程中所观察到的、所感受到的、所解释的和所反思的内容，是教师所见所闻所感所思的自由写作。日志的主体部分是教师对观察的记录和白描。每一次撰写的日志都包含一些基本的信息，如事件的日期（若书写日期与发生事件日期不同时，需标明之）；脉络性资料，即时间、地点、参与者以及其他看起来可能对研究有重要作用的事。如果以这样的方式来记录日志，日后要重读日志的内容，会得心应手得多。

日志常用的记录形式包括备忘录、描述性记录和解释性记录。这三种形式在记录的侧重点以及文体的表现形式方面有一定差异：备忘录很多时候可等同于一篇日志，而描述性记录和解释性记录通常只能作为一篇日志的一部分（参见孟庆茂主编：《教育科学研究方法》，中央广播电视大学出版社 2001 年版，第 238 页）。下面结合实例，来具体剖析一下这三种研究日志的记录形式。

一、备忘录

备忘录是最常见的日志形式。它通过研究者试着去回忆、写下特定时段的经历，而再现教育实践中的生活场景。在备忘录中，通常有比较明显的时间信号提示。在撰写时，需要注意的是：（1）在一个事件后，愈早写备忘录愈好；（2）在靠记忆写备忘录前，不要和任何人讨论，因为那样做有可能影响和修改你的记忆；（3）最好是依事件发生的先后次序写记录，能完整记录很重要，所以日后想起任何片段，都可以把它附记于后；（4）可在活动过程中缩写符号、片言来简记一些重点，可摘要记录某一时段，有助于记忆；（5）早一点进行回忆，记忆会更清晰。愈晚开始写，需要的时间就愈长。

案例 6-1

教室　8∶15

语文课。七彩的课堂（每天课前 5 分钟）总是弥漫着花的馨香、草的翠绿，小家伙们都说他们是七彩孩子。是呀！七彩的孩子总有七彩的梦。"放飞你的希望在春天的早晨，让春姐姐的花瓣雨长上翅膀……"我告诉孩子们："你们的希望一定是多彩的。"一会儿，孩子们的话匣子打开了——

"我的梦想是全世界的闹钟都走慢一点，我的美梦就不会被吵醒。"

"我希望月儿是我家的电灯。"

"如果我的梦是常人想不出的萤火虫，亮着灯光，在老师的窗前……"

"我希望妈妈的嘴巴变小，骂我的时候声音就不会太大。"

"月亮的梦是弯的，花儿的梦是红的，小草的梦是绿的，奶奶的梦是老的。"

我告诉他们：有梦的孩子就会飞。口气中饱含着自豪、钦佩和共勉。

办公室　9:10

改了 20 本《语文伴你成长》，虽然只完成了一半，但成就感依旧悄无声息地滋生。看来，人的需求层次并不是特别高深莫测。读了几则我和学生在作业中的短信：

1. 几日不见，白云姐姐和陈老师都认不出你的字了，好样的。（老师）
我也发现进步了，谢谢老师。（浩川）

2. 这么棒的书法作品，为什么只给自己四颗星？（老师）
因为我不够自信，所以另一颗星跑了。（沈超）

3. 你猜猜今天的苹果姐姐是伤心还是快乐呢？（老师）
是快乐的，因为我今天很开心，妈妈带我去"肯德基"。（静茹）

4. 小主人，忘了写作业啦？我很难过哟！（老师）
对不起，我昨天看电视了，我下次和您小手牵大手（拉钩），说到做到。（惠娟）

大院子　9:45

这些小家伙，老是把吃点心的盆子敲出那么刺耳的音乐来。他们笑着，挤着，好像不是等着我给他们盛点心，而是怀着天真的热忱在参加一场盛会。

孩子们玩着古老的"闯关"游戏，一会儿便笑着倒在地上。害得旁边的我心惊肉跳，好几次我都念叨着不让他们做这种"可怕"的让老师寝食难安的游戏。一个小女孩一本正经地说："老师真的太慈祥了，我们答应您只在草地上轻轻地玩。"我吃惊地发现，不知从什么时候开始，孩子们的各种游戏不再令我痴迷了，其实，这是我告别童年的一个确切标志。

［由福建省厦门市同安第二实验小学陈柬贤老师撰写，摘编自黄旭主编《明日教育论坛》（总第十三辑），福建教育出版社 2003 年 7 月版，第11—14 页］

案例 6-1 是作者一天经历的备忘录。在这份备忘录中，事件发生的时间、地点的体现是十分鲜明的。可以看出，这是作者在当天晚上对一天事件的回忆式的记录，而且，是按时间的先后顺序来记录一天中发生的许多事情。我们也可以发现，在这篇备忘录中有不少简单的语句，并用只言片语来记录一些重点，例如"语文课"等词语。此外，这篇备忘录虽然经过整理，但还保留了一些自由写作的痕迹。

二、描述性记录

描述性记录包含研究活动的说明，教育事件的描述，个人肖像与特征（如外表、说话与动作的风格）的叙述，对话、手势、声调、面部表情的描写，时间、地点与设备的介绍等。而身为一个参与行动的研究者，研究过程中特定的情境、个人的言行，当然是描述的重要内容。在任何描述的段落，细节的深描比摘要式记录更重要，典型的事件比一般化的事件更重要，活动的描述比对活动的评估更重要。

同样需要强调的是，在任何可能的时候，有人说了什么话，最好直接记录，并用引号表示，或用独立的一段文字说明。即使当时的情景不允许即时记录，也要尽可能在事后的第一时间把记忆中尚比较鲜明的细节、研究对象的话语记录下来。用以描述一个人、一个群体、一个情境的文字与措辞，最能呈现其特性，最能从中反映隐藏在个体或群体的行为背后的态度，然而，要达到最好的效果，只有尽可能地精确记录才行。

案例 6-2

早上，窗外的阳光有点朦胧。

灌了一碗豆浆后，快步向学校走去。一辆辆自行车从身边奔驰而过。"老师，你好"的问候声，在早上的阳光里飘荡。

今天我值班。到年级各班检查了"早读"和"晨扫"后，拿起教科书。今天要上《我为少男少女们歌唱》。理了理上课思路，我想到一个学生。"今天的诗歌朗诵要让许××表现表现，好久没有听到他在课堂上的快言快语了。"我有点兴奋，"用这首充满青春活力的诗来唤醒他的学习热情，拂去他近段时间来的消沉和忧伤。他期中考试的成绩太不如人意了。"

踩着上课铃声，站到讲台上。播放《我为少男少女们歌唱》的录音诵读；学生齐读全诗，我略加指导、范读；学生自由朗读……"现在，请许××同学朗诵。"我向他投以鼓励的目光。一秒、两秒、三秒，好一会儿还不见他起来。"许××——"我的声调略有提高。他不情愿地站起来。"老师，我不想朗读。我喉咙有点疼，再说我有权利选择读书方式……"不等我反应，他已坐下。全班同学的目光都聚焦于我。我微微一笑。"我尊重你的选择。现在请一个同学来诵读。陈××，你来。"……课上得还算开心。

下课铃响了。我走到许××的身边，暗示他跟我走。

在走廊上，我把手放在他的肩头。他身高跟我差不多。我正要开口，他抢先说道："老师，我……我不是故意顶撞您，我……"欲语还休，又低下头。

"老师不是要批评你。你说的也没错，你有权选择读书方式。但以后在课堂上要注意语言表达……"

"老师，可能没有以后了。"

我不解地看了看他。"你期中考试成绩很不理想，前一阶段，上课老是走神，是什么原因？老师是想用这首诗来激发你学习的热情，在课堂上能踊跃发言。"

他抬起头，看了我一眼，眼角有点水汽。

"我近一阶段忙着准备迎接'两基验收'的材料，没时间找你聊天，晚上到你家，找你父母聊聊怎样？"

"谢谢您的关心。老师，您去了也没用。"

孺子可教，他的言语不那么僵硬了。

他继续说，有点激动："晚上，我父母没空，您不要去了。"

"为什么？给老师一个机会吧。"我拍了拍他的肩膀。他答应了，无奈。

[由福建省东山县石斋中学黄建成撰写，摘编自黄旭主编《明日教育论坛》（总第十三辑），福建教育出版社 2003 年 7 月版，第 28—30 页]

在案例 6-2 这篇日志中，黄老师描述的是 2003 年 4 月 24 日在课堂中发现许××的问题过程以及课后的师生交流，在未述的部分，还叙述了放学后家访许××的所见所闻。在日志中，黄老师记录了大量的对话，也适当地描写了讲话者的神态和动作等细节。例如，日志中有这样的细节描写："我的声调略有提高。他不情愿地站起来。""他继续说，有点激动。""我拍了拍他的肩膀。他答应了，无奈。"等等。这种精细的描述，为认识当时发生的事件提供了较为具体的信息。

要做到详尽记叙事件场景，有两点值得我们关注：第一，要重视日常观察。日志的写作始于观察，通过观察并把观察到的事实记录和表达出来，也就大致形成了教育日志。在日志文字表达的过程中，要尽量把看似零碎的片段和事件整合在一起。第二，对于需要记录的一些重要细节，最好在口袋里准备一个小本子及时记录。在很多时候，不要过于相信自己的记忆力，如果时间许可的话，那么越快记越好，记得越详细越好。即使是只记只言片语，对于日志的撰写来说也是很有帮助的。如果你是过了一段时间再来撰写日志，那么可着重描写在记忆中特别生动的细节。

三、解释性记录

在日志中，除了描述性记录，还应含有解释性记录，如感受、解释、创见、思索、推测、预感、事件的解说、对自己假设与偏见的反思、理论的发展等。解释不仅会在写经验时产生，也会在不久之后产生，在写日志（如观察笔记）有所反思时引发。

在每一日的生活里，任何日志的撰写都宜于日后不断地重复阅读，如此一来，可以发现与修正错误，许多事也会变得更为清晰。重复阅读所写的内容时，会比撰写时更容易判断哪些资料是重要的或是不重要的。你也可能会发现某些观念之间的新关系。通常一些新的体悟也会接踵而至，一些开放式问句也会浮现，并且容易看到哪些仍是需要去做的事。通常，原先在文章中的思想表达，可能被重新建构。

案例 6-3

没有特别注意到第三组，因为第一次看他们时，他们都表现得非常好，他们不太会离开座位，而其他小朋友则常在教室内走来走去。我曾建议小朋友可以离开座位，和其他小组讨论如何使用电脑。第三小组没有离开座位的必要，可能是他们坐得离电脑很近。王阳（课堂观察员）也同意，这一组的人容易和其他小组打键盘的小朋友说话、讨论。

评论：使用电脑进行合作性写作时，在电脑前写作与桌前作业的组员需要来回走动。移动讨论和嘈杂声，是合作的必然结果。若要减少移动与噪声，可将电脑放在教室中间，小组则围绕而坐。这需要增设、延长一些电脑用的线——我想我会试一试这种做法。

（摘编自孟庆茂主编《教育科学研究方法》，中央广播电视大学出版社2001年版，第236页）

通常而言，解释性记录不能单独构成一篇完整的研究日志。解释性记录可以由一个短句或几个短句构成，也可以由一个段落或几个段落组成。案例6-3是从一篇研究日志中摘录的两个段落，从中我们可以简要地剖析一下解释性记录。在实例6-3中，在描述"他们不太会离开座位，而其他小朋友则常在教室内走来走去"之后，有一句解释其原因的句子——"可能是他们坐得离电脑很近"。在"评论"这一段落中，基本上都是解释性的语言。在这一段，日志撰写者解释了造成"移动讨论和嘈杂声"的原因，并且设想了解决这一问题的方法，即"增设、延长一些电脑用的线"。

对于作为教师研究成果的教育日志，在撰写中还需注意以下几点：

第一，有些教师不钟情于教育日志，并不是因为他们没有能力撰写，而是因为受到一些习惯性因素的阻碍。要破除这种障碍，最好的方法也许就是硬着头皮去写日志，在撰写日志的过程中，体会日志带给行动研究者在整理自己思路、积累资料等方面不可替代的作用。同时，以写日志的方式获得个人的一种成就感。当然，要达到这样的状态，需要长期的努力。

第二，日志具有隐私性，其中的有些内容不宜直接公布于众。当要将教育日志出版时，对于其中涉及的隐私部分，必须征得研究对象的同意，或者作一些必要的技术处理。

第三，如果可能的话，教师可以和同事们分享自己的日志。分享日志的方式可以是直接把日志拿给别人看，也可以是在休息时间里与别人谈论日志所记的内容。这是因为通过与他人讨论和交流，可以帮助日志撰写者理清思路，找出解决问题的方法。这是由于撰写者通常是"当局者"的身份，往往会"迷"于熟悉的事物之中，难以清晰地看到问题的本身。

第四，教育日志要持续（两次记录的时间间隔不能过长）地写，不能"三天打鱼，两天晒网"，最好每天或隔几天安排一个特定的时间来专门写教育日志。在一段时间内，教育日志的撰写可以紧紧围绕某个主题，也就是说，可以结合某个研究的重点来写作。举例来说，你可能正在探究某种教学方式对调动学生积极性的影响，在每一节课之内，可以就这种教学方式引起的学生的变化、你自己的感受、课堂气氛等方面，来撰写教育日志；你也可以定期记下你与班上某位特殊学生的接触；你也可以每天或隔几天记载你新接手的一个班级学生的情况；等等。

案例 6-4

××××年 8 月 26 日

今天我获悉将要担任初二（4）班的班主任，感到很惊讶。这个班我曾经做过一学期的任课老师，班风不太好；"大闸蟹一大串"；全班严重阴阳失调——23 个男孩 +7 个假小子 +5 个小女孩；全班各门功课成绩在年级倒数，全班总分第一名的学生位于全年级第 15 名。

下班的路上，遇到了这个班的原班主任王老师，她一见我就说："我终于脱离苦海了！本想把顾兵留下去，他的成绩全年级倒数第一，让你好轻松点，可是这学期学校取消了留级制度，没办法，你只好继续拖着这包袱了。唉！这个留级生，自从他留到我班我就不得安宁……"看到王老师提起顾兵那无可奈何的神情，我心里不觉一沉。我感谢了她的好意，同时借口转移了话题，因为我不想带着任何偏见跨进这个班级。

××××年 8 月 31 日

连续几天返校，顾兵都没来。为了确保 9 月 1 日班级的出勤率，我按照学籍卡上的联系地址找到了顾兵家。位于打浦路，四周高楼林立，中间夹杂着一些矮平房。开门的是一位矮个的中年男人，自称是顾兵的继父，他请我进屋，但我一见他，一种无名的恐惧感就油然而生，心中拂过丝丝寒意。没多久，顾兵的母亲出现了，她一站在我面前，我脑海里就不觉联想到电影电视中时常出现的"瘾君子"画面。

"我是顾兵同学的新班主任，这两天他没有返校，是不是病了？我来看看。"

"顾兵现在不住在我这儿，他去他父亲那儿了。"

"那他父亲住在哪儿？"

"我不清楚地址，他的房子是租的，大概在老西门附近，我只有他的手机号码。"

"麻烦你给我电话号码，同时也帮我通知一下顾兵，明天8点准时上学。"

我起身告辞。走了没多远，后面有人叫住我，说是顾兵继父的母亲。她告诉我："你们学校的治保老师有他爸的地址。"

我匆匆赶回学校，找到治保老师，他开玩笑地说："这下你不愁没事干了！"言谈间，我了解到顾兵从小就父母离异，母亲与继父相继于去年因吸毒被强制进过戒毒所，他只好投奔亲生父亲。治保老师还告诉我，顾兵上学期经常逃学，轧坏道，他与王老师三天两头去居委会寻求支援，协同工作。

终于打通了顾兵父亲的电话，他倒挺客气，约好9月3日见面。

××××年9月1日

今天顾兵来了，滑着滑板车来上学的，一看那身打扮，就明白不是个容易对付的主儿。在我多次要求下，他终于带上了我为他准备的红领巾，总算是给面子。可五分钟后红领巾就不见了。他是空着手来学校的（没带任何学习用品和暑假作业），又是轻轻松松空手而归（新发的书本，塞满了他的课桌抽屉），于是我叫住了他。

"顾兵，昨天通知你带一张一寸的体检照，带了吗？"

"带了！"他顺手从衣兜里拿出给我。我一看禁不住笑出声来，那分明是一张婴儿照，像是刚满周岁的样子，一看便知是从哪儿剪下来的，倒与他现在的模样挺接近。

"顾兵，是不是想通过这种方式告诉老师，你很可爱？老师知道你过去很可爱，现在也一样。你放心好了，我喜欢你就像喜欢其他学生一样。不过……"

"我家里没别的照片，就这一张，一张唯一和父母合影的照片，可惜给剪了……"

我一听，心中一酸，我相信这话是真的。

我们有说有笑地向照相馆走去……

×××年9月3日

今晚，我如约来到顾兵现在住的地方。这是一间旧阁楼，家具看来也是租来的，不多！

他父亲倒也好客，烧了不少菜。闲谈间，自称八几年就阔了，带着顾兵母亲经常出入高档宾馆、饭店，即便被别人骗了二十五万也没觉着什么，家中的钱主要还是让顾兵母亲给折腾掉了，现在正在从事手机生意。说实话，我根本不信。顺着他的话，我提出下次家访时，希望能看到一张像样的写字台和一盏台灯，单独给顾兵使用。他父亲很爽快地答应了，还连说："你这个老师好。唉！顾兵一直说王老师对他有偏见，恨他。我去过学校一次，结果王老师和其他老师把我骂得狗血喷头，我一气之下，以后再也不去了。"

就在无意间，我还看到了一些女人的专用品和好几盘艳名包装的 VCD。

×××年10月5日

最近班里老是少东西，好几个同学反映钱被偷了。不由得想起前两天上班太过匆忙，没有锁包，结果少了一张50元的钱。这是大事，得好好查查，否则别想太平。可按说教室锁得蛮勤，一把钥匙由班长专管，不该存在外偷。我找了几个同学调查情况，同学们一口咬定是顾兵干的。班长说："过去这种情况也发生过，只是一直查不出。""没有真凭实据，不要乱说。""可他上学期偷过超市，不就给逮住了。"听了大家的话，我觉得今天有必要以我的方式（自认为是最佳方式）找顾兵深谈一次。谈话持续了两个小时，得知顾兵的父亲已经一个星期没有回家了（从九月份到十月份断断续续也有几次夜不归宿），他已经过了一星期有上顿没下顿的生活了，外面的一帮哥们儿还要向他"借用"50元钱。通过联系，我见到了他的那帮哥们儿："你们很清楚顾兵又没工作，家境也不好，我是他在学校的母亲，你们如果缺钱可以直接来找我。"我拿出一张50元钱，让他们收下，希望他们以后不要再来找顾兵的麻烦。他们看我并不好惹，也不敢收钱。完事后，我决定跟顾兵回家，路上问道："你为什么愿意和他们一起称兄道弟?""都是一路人，因为无聊就聚在一起……"我知道用命令的口气强迫他断交是行不通的，看来这事还得慢慢来。

晚上11点多了，他的父亲仍然没有回来，我把他安顿好后，只好走了……

（原载于郑金洲主编《基于新课程的教育案例》，福建教育出版社2004年版）

第五，撰写教育日志要将事件记录与事件分析结合起来，并在形式上保证有一定量的分析。如果是用笔记本来记载日志，那么笔记本每一页的右边最好留下一些空白的地方。在日后整理日志时，这些留白之处可用于记录一些新增的变化、附录或相关的信息，而且，在对日志中记下的资料进行分析时，它也会派上特别的用场。在这些留白之处，一些简单的分析可以随意出现（不管是句子还是一些简单的词语），这部分内容可以作为这一段记录的解释。如果是直接用电脑来记载研究日志，日后在整理日志时新增加的内容可以用不同的字体来标出。需要强调的是，对日志记录作一些暂时性的分析是非常有必要的。对于研究成果的表述来说，这样做可以降低在研究的最后被资料淹没的危险。而教师在对资料进行分析时，有时需要发挥直觉的作用，而不能仅仅依靠理性。因为仅仅依靠理性来分析，很有可能会被繁琐的细节所累，而丧失了偶尔闪现的灵感。

第七章 教育反思：研究成果表达形式之二

区分一个教师是感性的实践者还是理性的研究者，其根本标志在于教师是否能够对自己的教育教学行为进行持续不断的反思。从这个意义上说，教育反思应该是教师的基本研究行为，涵盖范围甚广，教育日志、教育叙事、教育案例等无不在其内。本文的教育反思概念，更多的是从其狭义上来使用的，指的是教师以体会、感想、启示等形式对自身教育教学行为进行的批判性思考。它不同于日志、叙事的一般性的记录和白描，也不像案例有着明确的问题发现、分析、解决线索，而是在记录教育事实基础上所进行的思考和评判。这种非日志、叙事、案例的形式在教师的教育研究中占有很大的比重，尤其在研究的初期更是如此。

教育反思是一种批判性思维活动，而把这些思维活动记录下来，则可视为一种写作文体。它作为研究方式，运用简便，可贯穿教育教学过程的始终；它作为研究成果表达形式，写法灵活，可成为教师成长发展的忠实记录和反映，因而在教师研究中广为应用。

一、教育反思的类型

教育反思应用范围广泛，形式多样，从日常教育教学研究行为来看，至少有以下几种不同的类型。

1. 专题反思与整体反思

专题反思有着明确的问题取向，常常围绕一个特定的问题进行多方面的思考，这种反思目标明确，针对性强，分析也相对较为深入。在教育教学中，可作为反思对象的专题是很多的，比如从教学各构成因素的角度来看，可以是教育任务的完成程度，或是教学内容确定的适宜程度，或是教学策略选择的得当程度等；从教学实施的具体要求来看，可以是教学与学生生活实际相联系的程度，或是学生自主支配时间和空间的程度，或是信息技术与学科教学整合的程度等。在一定程度上，凡是教育教学中存在的问题，都可以成为专题反思的对象。

这里所说的专题化是指在一个相对较长的研究时期内，研究者专注于该研究课题，逐渐将该研究课题所包含的内容一一展示出来，使所蕴涵的问题一一得到破解或说明，从根本上转变一段时间一个课题，一段时间一个研究对象，对诸研究对象浅尝辄止的现象。

一位语文教师围绕学生与文本的互动对自己的教学进行了以下反思。

案例 7-1

在阅读过程中，学生首先与文本开展对话（即解读作品字面的意思的过程），通过与文本的对话，达到与作者心灵的对话和交流，达到与作者就这个世界的某个方面（即作品主题）开展对话和交流的目的。可学生的认识毕竟有限，很难达到真正的阅读目的。因此在学生探究文本的同时，教师也应适时地调控，给学生提供帮助和引导，尽可能地架设"教材走向学生"的桥梁。如在教学《白杨》一课时，由于课文寓意深刻，离学生的生活实际也较远，要使学生理解白杨树的生命力强已属不易，再深一层去领会边疆建设者那种服从祖国需要，扎根边疆的精神就更不易了。这时我们就必须设法在教材和学生之间架设起一座桥梁，使教材走向学生，把学习的主动权还给学生。我作了这样的尝试：在教学"车窗外是茫茫的大戈壁……并不那么清晰，都是浑黄一体"一段时，让学生自己找出重点句子或重点词语去体会大戈壁的特点，结果学生纷纷道出了大戈壁的荒凉及其环境的恶劣，甚至有个学生在谈及自己的感受时说："假如前面有一个火坑，我宁愿往火坑里跳，也不愿前往大戈壁，因为戈壁滩是那样的无边无际，苦海无边啊！"当然，这一说法当即就遭到了大部分同学的反对，他们在暗骂他是个懦夫。可顺着这个观点学生能较快地领会到白杨的坚强，以及边疆建设者献身边疆、扎根边疆的伟大精神，于是我顺着他的思路，让学生再去课文中找出描写白杨的句子读一读，并对比刚才的观点体会体会，说说自己对白杨、对边疆建设者有什么看法。这样，只需找到教材和学生的联结点，让教材走向学生，让学生主动地去探究教材，并且在学生自主探究生成的问题的基础上进行课堂教学的辐射，学生就能很快地领会文章的内涵、文章的主题。很显然，在这样的过程中，学生的阅读理解能力也在无形中得到了培养。

（由浙江省东阳市外国语小学许华丽老师撰写）

上述反思，是教师以学生与文本互动为主题，围绕新课程标准提出的学生是探究者、阅读教学的本身也是一个主动探究的过程、阅读是学生的个性化行为、不应以教师的分析来代替学生的阅读实践这一基本主张进行的。

整体反思常常不把反思的对象集中在教育教学的某一个具体问题上，而是总体把握教育教学各方面的行为，就其中突出的问题进行思考。比如，一堂课后，教师可以分析自己教学中的以下行为：

（1）这堂课是否达到了预期的教学目标？如果达到了，标志是什么？如果没有达到，标志又是什么？

（2）这堂课在哪些方面是成功的？在哪些方面还可以进一步改进？后续的教学打算有哪些？

（3）这堂课的教学设计与实际教学行为有哪些差距？我在课上是如何处理这些差距的？处理的方法是否恰当？

（4）这堂课上发生了哪些令我印象至深的事件？这些事件对我来说意味着什么？我以后需要关注什么？

这些行为涉及教学的各个方面，虽然缺乏专题反思的针对性，但可以对自己的教育教学有较为完整的认识，有利于改进日后的教育教学行为。

2. 即时反思与延迟反思

即时反思是教师在教育教学活动结束后立即对活动过程中的现象、问题或活动的成效等进行的反思。这种反思紧跟着教育教学活动进行，反思者可以在头脑中详尽地再现活动的场景等细节，对活动本身作出分析和评判。

案例 7-2

一天下午，第一节语文课开课不久，我正认真实施教学，讲授的是一篇文言课文，却发现有个学生已经将头伏在课桌上。出于对他身体状况的猜测，也由于不想因此而打断教学进程，我没有过多在意。可是没过一会儿，伏案的同学队伍在壮大，男女生都有，其中个别学生已进入半睡眠状态，半梦半醒中已有鼾声传来，引得其他学生寻声窃笑，然后竟哄堂大笑起来。到底为什么学生提不起精神，瞌睡泛滥？或者说为什么语文课变成了催眠课？

课后，我找到了那些伏在桌子上的同学，询问他们为何不能坐直听课，他们垂着头述说的理由大多是昨天睡得晚，很累。看着他们耷拉着脑袋等待挨批的样子，我总觉得原因没那么简单。

趁休息时间，我与这个班级其他科任教师交流了班级上课情况，得知理科教师上课时基本没有此类现象。我提到的几位伏案同学有的还思维活跃，反应快捷。这样看来身体因素并非主要原因，或许不是原因，我想这或许是他们面对老师有所顾忌的一个借口。很多时候教师被学生的谎言蒙蔽了，往往以批评教育学生而告终，而没有从多方面、多角度去调查研究，反思自我。

于是，我想通过本周的随笔来了解学生对语文课的看法。因此，我不失时机地布置了随笔作业，题为"我眼中的语文课"。从作业反馈的情况我了解了诸多学生的真实想法，也找到了问题的症结所在。那就是学生的精神状态与文言文上课形式直接相关。的确，回想以往文言文教学时，课堂气氛总是沉闷不堪，死水一潭，愈演愈烈，也就发生了哄堂大笑的一幕。……

（由上海市通河中学施晓莺老师撰写）

上述事例展现的是一位教师在课上注意到学生的表现，并迅即对这些表现背后的原因进行分析的过程。教师及时发现课堂上学生出现的问题，将问题作为反思的着力点，力求使自己的教学在以后避免产生类似的现象。整个反思的过程与教学问题的发现、分析、解决过程共始终，在一定程度上强化了教学的针对性和有效性。

有的时候，教师可能由于这样或那样的原因不是马上对课堂或其他教育情境中的事件作出系统思考，而是在以后结合其他教育事实对其进行综合性的批判性分析，这种反思因其反思时间滞后，可以称为延迟反思。

案例 7-3

在教学过程中，我逐渐发现这样一种现象：学生年级越高，举手回答问题的就越少，进入高中后几乎没有学生主动举手回答问题了。在这种情况下，我在课堂上常常无奈地采取"点将式"、"火车式"等方式提问。这加重了学生对回答问题的逆反心理。一些学生也承认自己有心理障碍，手就是举不起来。那么，如何改变这一现实，激发学生的学习积极性呢？

围绕这一问题，我结合新课程的学习，觉得学生在课堂上应该享有一定的权利。首先，他们应该有犯错误的权利。在以前的课堂提问中，我一般都比较重视纠正学生的错误，忽视了学生所应享有的犯错误的权利。其次，学生有自由选择的权利，即有选择回答教师提问的权利，对于自己不感兴趣的问题他可以不回答或拒绝回答。而在以前的课堂教学中，对于我的提问，学生是没有这样的选择权的。再次，学生应该有评价权。过去学生回答问题主要是由我进行评价，而作为主体的学生是没有评价权的。这种不合理的状况亟待改变。

（由上海市大境中学奚晓晶老师撰写）

这位教师的反思不是在事件发生后马上作出的，甚至不是针对某个具体的教育事件，这种事后反思常常是汇总多个类似的事件后综合分析得出的，是对不同事件相同意义的挖掘和整理。

3. 课前反思、课中反思与课后反思

反思可以贯穿教学的全过程，体现在教育活动的始终，在课堂教学的实施中，既可以在备课时思考是否遇到了什么困惑，是否对教材进行了二次开发，对学生实际需求的估计是否合理，是否为学生创设了实际支配的时间和空间，能否联系社会实际生活，实现知识与态度相统一、过程与方法相统一，即课前反思；也可以在上课过程中思考学生在课堂上实际参与的热情与程度如何，师生或生生互动是否积极有效，课上是否发生了意想不到的事情，如何利用课上的资源改变原有的教学设计进程等，即课中反思；也可以在上课之后思考课堂教学效果如何，存在哪些需要进一步改进的问题，有哪些需要关注的地方或有什么困惑，课堂上的一些事件对日后的教学有何意义等，即课后反思。

案例 7-4

高一上学期期中考试后不久，一天下午，我批阅学生的随笔，看到了这么一段令我诧异的文字："老师，您不要生气，我总觉得最近几天的语文课上得沉闷了些，我总想睡觉。《荷塘月色》完全没必要上那么多节课，我们很多同学远没有您那样喜欢朱自清，也远达不到您理解的深度。虽说语文课上您也让我们畅所欲言，可您不觉得那离我们太遥远了吗？什么大革命失败啦，知识分子苦闷啦，我们没有兴趣。有那么多时间让我们对这些遥远的事情发表意见，倒不如将这些时间放在一些更有价值的事情上。免得课上不会发言，又浪费时间。望老师考虑。"说实话，我当时很有些悲哀，也有些埋怨：学生的阅读能力、鉴赏水平到底怎么了？

事后我到班上做了一个阅读调查，进一步了解了同学们的阅读需求、兴趣，我自己也静下心来反思了一下阅读教学过程，不得不承认学生说的是有道理的。有些时候，我或以自己的感知强加于学生，限制了学生的自由；或只强调阅读技法，忽视了个体的情感体验；或以群体阅读代替个性阅读；或以作者的感受来人为提升学生的领悟。这种不从接受者的角度引导学生阅读的教学造成了主体错位，使学生认为阅读就是应付

教师的提问，就是琢磨问题的答案，以致迷失了自己，丧失了阅读的兴趣。

经过思考和探索，我开始实践"个性化阅读教学"。个性化阅读，也就是引导学生遵循基本的阅读方法，尊重他们的阅读习惯、思维方式，允许他们在已有的知识系统、情感体验、智力水平基础上对作品作或深或浅、或多或寡的感悟，最大限度地发挥他们的阅读主动性。在生生互动、师生互动中实现认知教学、智能训练和人格教育三位一体的阅读功能。"个性化阅读教学"大体采用"整体感知——互动感悟——重点突破——训练语言"的操作策略。作为教师，我的主要任务就是根据阅读材料的性质和阅读主体的情趣、心理创设氛围，提供自主阅读和训练的机会与环境。我的这一尝试取得了较为明显的效果。

比如，《天山景物记》是一篇文质兼美的写景散文，处处洋溢着浓郁的诗情。我先用一课时让学生充分阅读、鉴赏品味、互动感悟，然后再用一课时教学生依文"对""歌"（作对联、写诗歌），收到了很好的教学效果。第二课时我是这样安排的……

（由江苏市张家港市梁丰高级中学张兰芬老师撰写）

案例中的教师在教学准备阶段遇到了一些问题，从改进教学效果的立场出发，她对自己的教学定位重新作了思考，对自己已有的教学理念重新作了认识，确定了新的教学出发点——个性化阅读，从而使教学呈现出了新的气象。

案例7-5

《时光老人的礼物》是一首抒情诗，在让学生自读自悟以后，我让学生说他们的自学结果，交流学习心得。这时一位学生很犹豫地举起了手，站起来还环顾了一下四周，说："老师，我有一个问题，可不可以问？"

"读书读出了问题，这很好啊，说明你已经读进去了，有什么问题，我们可以一起来讨论一下。"

得到了鼓励，那位学生迫不及待地说："老师，表示对长辈的尊敬应用'您'，而这里怎么称时光老人为'你'？"

这个问题我自己都没有注意到，对于长辈，为了表示尊敬，我们一般都用"您"，为什么这里不用呢？为什么这里都用"你"呢？

学生像受到了启发一样，顿时议论纷纷。

在这热闹的场面中，一位学生举起了手说："因为时光老人永远都不会死，他永远都是年轻的，因为他是永恒的。"

其他学生表示赞同地点点头，我心中也暗暗窃喜：学生的思维多么奇妙！另一位学生马上接着说："我们红领巾希望时光老人永远都年轻，永远都充满活力，时光老人是不会老的。"

看，学生回答得多好，真让我佩服。

正当我想对这一问题作一个总结的时候，又出现了新的情况。只见一个学生带着严肃的表情，气呼呼地说："既然是表示永远不老，永远都是年轻的，那为什么说他是老人呢？"话音未落，其他学生马上就有不同意见了。只见一位学生不紧不慢地说："这里称之为时光老人，是表示对他的尊敬，并不是说他是老人，他就老了。从有我们这个世界开始就有了时间，对于我们人类来说，时间的岁数已经很大了，可是时间不会消失，所以对于他自己来说，他还很年轻。"

这么深奥的道理，他们都懂，真不能小看他们。

"就像圣诞老人一样，他也是永远都不会老的，可是我们还是叫他老人，因为他们都很慈祥，都应受到我们的尊敬。"

我总觉得语文学习是学生个性化的行为，特别是阅读，更要充分地让学生有自主的权利。每一个人的生活经历不同，每一个人的思想不同，每一个人思考同一个问题的角度和方式也不同，面对这么多的不同，若我们在课堂中还要追求统一，对于学生来说，真的是一件残忍的事情。所以在课堂中，我总喜欢让我的学生自己说，说出自己心中的想法。有的时候我真的很佩服我的学生，他们什么都知道，什么都会说，什么样的思维他们都有。只要给学生一个宽松的环境，学生的想象力与创造力是我们意料之外的！

（由浙江省东阳市外国语小学余云仙老师撰写）

这个案例既包含教师对课上行为进行的反思，也包含课后的相关思考，是将两者有机地融合在一起加以分析的。为了有针对性地反思课堂教学行为，教师在课上应随时把握课堂场景，留意课上出现的这样或那样的现象，并注意将它们印在脑海中，以便课后在头脑中再现并进行评判。

4. 教学要素反思

（1）教学设计反思

每节具体的课堂教学都有其特定的教学目标，有的教师课前对教学目标一般都设计得尽乎"完美"，但往往是用成人的眼光看"世界"，脱离了学生的实际认知水平。因此，每节课后，教师可以就教学目标和教学设计进行分析，认识教学设计中目标的完成情况，如知识目标的重点是否突破、难点是否化解，情感目标的情境设置有没有达到使学生进入"角色"的目的，能力目标的设定是否通过知识目标的完成体现出来，等等，总结出对目标达成情况的体会，不断地调整教学目标和完成教学目标的手段，使之更贴近教学实际，从而达成目标的可行性。

案例 7-6

教学要体现以学生发展为本，我们的课堂必须相应地落实"软设计"操作。这就是说，教师必须高屋建瓴地把握教材，全面充分地预测学情，有意寻找学习矛盾，留出时间当堂处理，让教学进程随机渗透、现场生成。那么，怎样落实"软设计"策略？

第一，关注学情：一切为了学生

作为课堂教学主体的学生，是极富生命活力而又有不同个性的"人"，这就决定了课堂教学具有师生互动、合作推进的特点。在教学过程中，如果教师只拘泥于一一展示详尽教案而不加任何必要的调整，不顾学生生命活动的多样性，则常常会使宝贵的教学机遇流失。

一堂市级语文观摩课将近尾声时，教师让几个学生在黑板上听写词语，一个学生把"缠绕"的"缠"少写了一点，而又将"绕"多加了一点，两个字都写错了。听课教师都期待着执教者如何处理。只听见教师说："这个词的确难写，再想想那一点应该在哪儿？"不一会儿，这位学生很有信心地一添一擦，写正确了（铃声已响起）。教师又对他说："你再带领大家把这个词语书写一下吧！"于是，全班学生又进行了一次集体书写练习方才下课。

上述教例表明，教师只有充分关注学情，才能机智地应变和扎实地上课。此外，教师那种宁让课堂片刻延时，而决不追求表面繁荣的务实教风也同样令人瞩目。

第二，灵活运作：注重现场调整

课堂是一个富于变化的时空，主体、客体、本体、媒体等随时都处于不断转换之中，如果教师为"圆满"完成预定教程而一味抢时间、赶教案，生硬施教而少有"花絮"，则学生必然只能跟着教师亦步亦趋，何谈主体地位和愉快发展？特级教师于永正应邀在某地教《燕子》一课时，是这样解题开讲的——

师：我知道咱们班上有几位女同学名字中有"燕"字。（学生在底下高兴地报出了名字）大家知道她们为何用"燕"做名字吗？
生：我想是因为燕子很美丽。
生：因为燕子非常活泼可爱。
生：因为燕子是一种益鸟，也是人类的朋友，大家都很喜欢燕子。
师：由此可见，人们非常喜欢燕子。今天，我们就来学习《燕子》这篇课文，看看郑振铎先生笔下的燕子能给你留下什么印象……

说到底，教学设计毕竟只是教师在课前的一种单向预测与规划，无法绝对符合实际进展情况。这就要求我们教师在施教时切不可墨守成规，而必须灵活自如地因地制宜、因课制宜、因生制宜。许多名师常在随意之中显现匠心，既使师生水乳交融，也令课堂情意浓浓。

第三，以学定教：紧抓瞬间机遇

"实践出真知。"一些教师常会因在课堂上有一两处妙举而在课后仍兴奋不已，也有一些教师会因执教当时没能把握住机遇而事后叹惜。关键在于，教师必须注重品味得失、总结教训，不断提升"课感"素养。请看一位青年教师在教学《五彩池》后写的一则反思型的教后感——

> 课堂交流时，一位学生问："五彩池里能否游泳？"当时我想"这不是有意捣乱吗"，也就装作没有听见，只是含糊着过去了。其实，这个学生的提问虽出于其天生的好奇心，但却颇具探究价值。如果顺势让他们展开思索，或许将大有收获。因为五彩池里能否游泳，至少取决于三个因素：一是池水深浅如何，二是池水是否干净，三是池中有无危险。而这些内容，在课文中或明或暗都可以找到相关信息，可惜课堂上未能再次让学生展开研读。

品味得失的最佳方法是评课和写课。评课包括自评和他评，而写课是在评课以后再用教后感的形式记下来，便于今后不断回顾和反思。上述案例中，教师正是在自评基础上用写课形式领悟到"软设计"策略不可替代的作用。

> ……

清代著名画家郑板桥有一首题画诗："四十年来画竹枝，日间挥写夜间思。冗繁削尽留清瘦，画到生时是熟时。"其实，课堂设计也如同作画一样，要花大力气去提炼教学主线，抓重点、轻一般，留主干、去枝叶，删繁就简，以少胜多。这也启发我们，在日常教学实践中，教师要不断锤炼对课堂进行状态的敏锐感知能力，以便在"意外"出现时或特定情境中可沉着"接招"并瞬间决策，让课堂在随机推进中灵活地展现出一片诗意般的精彩！

（叶刚《"软设计"：让精彩随机生成》，《语文教学通讯·小学刊》总第 350 期）

（2）教学过程反思

在课堂教学过程中，从整体上讲，要注重自己教学理念的前瞻性，是否用新观念去指导教学活动，将新课标落实在课堂上；从细节上讲，一堂气氛活跃的课，往往会出现一些精彩难忘的片段，以及能引起教学共振效应的做法，如形象贴切的比喻、对突如其来问题的处理、瞬间产生的灵感等，这些都是促成教学成功的因素。课后将这些课堂上的宏观思想和点滴花絮记录下来，就会形成对某一节课教学的初步的感性认识。

案例 7-7

新课程要求我们开放课堂。从过程角度来讲，人是开放性的、创造性的存在，教育不应该用僵化的形式作用于人，这样会限定和束缚人的自由发展。在《一去二三里》的教学中，我设计了一个环节，通过看书上的图来认识 1 至 10 的汉字写法，我问学生："你从图上看到了什么?"在学生的回答中，认识了十个字，此时已经基本上完成了预先设计的任务，我正准备过渡到另一环节时，听到有一个学生说："老师，我还有，我还想说!"看着他那急着想说话的样子，我就让他说。"我还看到天蓝蓝的，云白白的，很美丽。"听着他奶声奶气的话，好像自己也被一种童真童趣所感染，经常能看到的蓝天白云似乎也变得更美了，我表扬了他："嗯，虽然今天天阴沉沉的，可听你这么一说，就像看到了蓝天白云一样，真美，你说得可真好，看得很仔细。"其他小朋友见我表扬他，也刷刷地举起了小手，有的说："篮球场后面有一片树林。"她把前面学过的"一片树林"给用了起来，我就忍不住又表扬了她。没想到她听到我的表扬后，歪着脑袋笑了一下说："老师，我可不可以再说一次啊?"我点点头，她就开始说道："篮球场后面有一片树林，那里有很多绿油油的小树，还有许多小动物住在里面。"

学生们越说越起劲，说到后面，他们说到了十个小朋友的表情、不同的姿势，说到了他们衣服、鞋子的不同。特别是当他们说到十个小朋友不同的姿势时，我很意外，没想到他们观察得这么仔细，说实在的，在我看图时，我没注意到图上小朋友的表情和不同的姿势。

因为这个环节时间的延长，这堂课没有完成预先设计的教学内容，但是这节课的教学任务未完成并不影响学生的整体发展，在课堂教学中重要的是培养学生的学习热情、自主学习能力和创新素质。这堂课根据学生的学习热情、思考、灵感改变了原先的设计，取得了不错的效果。教学过程是师生交往、互动的过程，课堂教学不应该是一个封闭的系统，教师也不应拘泥于预先设定的程式。开放课堂，尊重学生的学习需要和热情，让我们用一颗宽容的心允许学生打破我们的预设，让我们在师生互动中多一些即兴的创造，使我们的课堂充满生命力！

（蒋成民《青年教师要常写"教后感"》，《中国教师报》2004 年 11 月 28 日）

（3）学生行为反思

学生是教学活动的主体，在他们的学习过程中，总会有和教师教学思路不和谐的"音符"弹出，总会有"智慧的火花"闪现，教师对学生就某一问题发表的独特见解应予以鼓励，尽量给学生提供发表不同见解的机会，以考查学生思维的偏差或思维的创造性，这将有利于拓宽教师的教学思路和改进教学设计。

学生的作业情况能真实地暴露教学中的不足之处，而且能反映出学生在他们那个年龄段上思维的特点。教师把这些情况记录下来，就成为今后教学参考的第一手借鉴材料，对启发学生的思维能力，了解学生的学习心理具有重要意义。

案例 7-8

教师随着教学的行进把四个太阳图案贴在黑板上，亲切地说：你看，四个太阳笑眯眯地望着大家，你最喜欢哪个太阳，给大家介绍介绍？

同学们顿时来了精神，纷纷站起来抢答，有人说："我喜欢绿绿的太阳，它能给大家带来清凉。""我也喜欢绿色的太阳。夏天如果是红红的太阳，热死了，妈妈就让我躲在家里。有了绿色的太阳，一定凉凉的，我就可以出去玩了。"有的说："我喜欢金黄的太阳，金黄的太阳照得果子成熟了，我可以吃到香甜的果子。""我喜欢金黄的太阳，是因为我喜欢金黄色。"这时有一位学生举着手着急的"啊、啊、啊"地喊着，老师发现了，示意他发表意见，他就霍地站起来说："老师，我不喜欢绿色的太阳。因为绿色的太阳冷冷的，我就不能吃冰淇淋了。冰淇淋，我可喜欢吃了。所以我喜欢红红的太阳。"

说真的，这回答很出乎我的意料，真担心老师会为了预先的教学设计而简单否定他。所幸的是老师并没有否定，而是把问题抛给了全体同学，说："哦，是吗? 你的回答真精彩。与同学们的想法都不一样，很有个性。其他同学还有别的想法吗?"这时同学们纷纷发表自己的见解，说喜欢彩色的太阳，因为它给大地带来万紫千红，喜欢红红的太阳，因为它给我们带来了一年美丽的四季……在此基础上，教师引导学生选择自己最喜欢的一段美美地读，用多彩的感悟加深理解。然后用自己喜欢的方式或赏读，或描画，或对喜欢的太阳表达谢意。

这样，引导学生自主读书，自主感悟，充分放手让学生说自己的生活，说自己的感受，尊重了学生个性化的理解和体验，促进了学生个性化学习方式的形成。

（由浙江省义乌市外国语小学方敏老师撰写）

二、教育反思的注意事项

反思本身并不是一件复杂的事情，只要具有批判性分析的眼光，善于发现教育教学过程中的问题，随时随地都可以开展相关的反思工作，使自己的教育教学活动变得更具理性色彩。为了使反思更好地为教育教学服务，切实成为教师专业发展的工具和桥梁，在反思过程中还应注意以下几点：

第一，秉承新教育理念，形成反思参照标准。反思只是教育教学的一个手段，可以用来达到这样或那样的目的，既可以成为实施素质教育的帮手，也可以成为背离素质教育的"帮凶"。教师在开展反思活动时，要以新教育理念为出发点，以新课程的基本主张为参照点，注意形成反思的框架标准，进行对教育教学活动的评判、思考活动。下述实例大体可作说明。

案例 7-9

语文课上，通常是一个教师一班学生，坐在一个课堂里，以课本为范文，进行着或教师讲授，或师生互动，或茶馆式讨论等多种形式的教学活动，不折不扣地学习着教学大纲规定的内容。这可以说是几十年不变的课堂教学模式。我们以这种方式实施着教学，也认为学生在学习过程中完成了学习任务。但活学体现在哪里？语文学活了没有？学生的创造性思维到底有没有发展？这些问题常被我们有意无意地忽略了。

新课标、新大纲都指出，语文教学是大语文活动，应突出语文中的参与性，注重创造性阅读。那么，如何在语文学习中体现这一精神，如何在教学活动中灵活把握，把语文教活，让学生学活，并充分发挥学生的主动性和教师的主导作用，是我自己近来一直苦苦思考的问题。案例 7-10 就是这种思考的一个例证。

第二，具有鲜明的问题意识，捕捉反思对象。有问题、有障碍，才会有思考、有分析。教师在开展教育反思活动时，要注意形成自身的问题意识，要善于在稍纵即逝的现象中捕捉问题，在貌似没有问题的地方发现问题，有问题的系统的反思是研究性反思区别于日常反思的重要标志。就拿教学来说，如果教师有明确的问题意识，就可能在教学的方方面面发现问题，比如，在教学目标方面，可以反思教学目标是否完成，如果没有完成的话，原因是什么，教学目标设置得是否合理；在教学内容方面，可以反思教材内容重点、难点的处理方法是否符合学生的实际情况，单元教学内容在学科体系中的位置是否合理，能不能补充一些新的教学内容，什么样的教学内容是学生感兴趣的；在教学方法方面，可以反思什么样的方法比较适合于本节课的内容，学生对于讨论法、小组学习法等是否适应，在选择、使用不同的教学方法时要注意什么样的策略；在教学程序方面，可以反思教学的导入、教学的推进、教学的结束等教学环节是否衔接得恰到好处，各环节花费的时间是否合理；在师生互动方面，可以反思教师是否过多地占用了课堂教学时间，是否过度地使用了预设，是否过分地强调了课堂纪律，学生在课堂教学中是否积极参与，学生在课堂上是否敢于提出不同于教师、不同于同学的看法，学习困难的学生是否处于师生互动的边缘等。

第三，联系已有经验进行综合分析，构建个人化理论。

反思是针对某一现象或问题进行的，但并不意味着反思是就事论事的思维活动，它可以完全引申开来，在思维深处将自己以往的经历和他人的相关的经历联系起来，或者将已有的理论知识与对当下问题的思考联系起来，这样的反思才更有深度，更能提升自己的智慧水平。在教育反思中，反思者要致力于形成自己对问题的看法，提升自己理性分析问题的能力，构建个人化的理论，并不见得要一味认同他人的观点和认识。一位教师对自己组织课堂讨论中的问题进行了以下思考。

案例 7-10

在学生全班讨论时，老师"站"在哪里？

在课上第一小节中，由于是上课开始，同学们还没有完全进入状态，对学习的内容还不够熟悉，在这种时候，教师组织讨论时应当"站"在学生的前面，引导学生讨论和学习，这样，在学生回答问题不够完整时，对他进行追问，有助于学生专注于问题，也有助于引起讨论。在第二小节中，同学们的讨论异常激烈，他们争着发言，以至于老师必须制定发言的顺序规则，江老师根本"插不上嘴"，在这样的讨论中，老师"站"在了学生的背后。在第三小节中，讨论的出现与前两个小节有所不同，学生提出了新的问题，出乎老师和同学们的意料。单纯从课堂教学内容来看，它似乎偏离了教学目标，但如果从培养学生独立思考、挑战权威、不唯书唯上的学习品质看，它又有一定的意义。尽管有些跑题，有些出乎意料，但是为了保护同学们发言、讨论的积极性，为了使同学们养成爱动脑筋、独立思考的好习惯，老师又以一个讨论者的身份加入同学们的讨论，此时他没有站在同学们的背后，而是站到了同学们中间。当然，在这样的情况下，由于事先未作准备，老师也需要在讨论中边组织边思考，所以，先让大家自由发表自己的看法。我们看到，同学们讨论的积极性并没有因为老师的介入而受到影响，他们照样大胆地发言，甚至反对老师的看法，课堂上散发着浓厚的民主、平等的气息。

（由上海市长宁区教育学院吕洪波老师撰写）

如果这位教师能够结合自己的教学实践不断对课堂讨论与自己的角色定位问题进行反思，就会逐渐形成自己的独到看法和认识。这些带有个人化色彩的看法和认识虽然不见得"放之四海而皆准"，但对改进自身实践、使自己的教学行为更具智慧无疑大有益处。

第四，要对教育教学行为进行持续不断的系统化思考。偶尔的反思并不困难，也是绝大多数教师能做到的，但持续不断的系统反思却不见得是每个人都轻易可以做到的。作为研究的反思，应该是持续的、不间断的、系统的，它摆脱了零散片段反思的状态，将反思渗入教育教学的全过程，从而在很大程度上保证了教育教学的针对性和有效性。

案例7-11　初中作文教学的三次改进

第一次尝试：让学生掌握作文讲评四步骤

布置作文，写作前的指导虽然很重要，但我觉得作文的评改更重要。既然作文本上的评语作用不大，那么干脆就"权力下放"，把作文批改放进课堂，设法引起学生对修改作文的兴趣。我设计了作文讲评课的四个步骤：（1）复习写作基础知识，回忆作文训练目标和作文指导要点；（2）习作展示；（3）学生讨论，指导优点，并提出修改意见；（4）作文修改。……

第二次尝试：让学生书面记录评改意见

尝试结果是学生反应热烈。他们在讨论中发现了不少优缺点，并能针对作文的不足之处提出许多较有价值的修改意见。被展示的习作通过修改，出色了许多。但经过几次讲评讨论课后，我发现：多数同学能积极参与讨论，但对自己的作文，除了订正错别字之外，基本上不作改动。其中主要原因是，除了被展示习作之外，大多数同学没有作书面记录，离开课堂后，就忘了修改要求，难以下笔修改。为此，我调整了作文讲评课的操作要求，让学生把对展示习作的意见用书面形式记录下来，并对照自己的作文，及时记录课堂上提出的可供自己修改作文时参考的意见。被展示作文的习作者针对别人的评判，可以作自我辩护或说明为什么这样写作。让学生在争论之中明确写作要领。

第三次尝试：让学生编好写作提纲

指导策略的调整，在一些学生身上奏效，但还有不少同学只是稍稍作了改动，改观不大。究其原因，是学生对照写作要求，觉得相距甚远，修改等于重写，太麻烦。确实，对写作基础较差的学生来说，写一次已是不容易，重写更是头痛。为此，我开始强调写作前要精思，编好写作提纲。我了解到，大部分学生作文前没有计划，提笔就写，一气呵成，写到哪里算哪里。凭感觉写出来的作文，能勉强凑足篇幅，但很难符合作文要求。

起初，学生虽然编写了写作提纲，但作文的随意性还是很强。原因是多数学生的写作提纲是为了应付老师。为此，我把提纲的讲评与修改引入课堂。要求学生在课堂上修改作文提纲，检查提纲与题目是否吻合，并把提纲写具体。教师巡视，挑出较好的提纲作示范。经过几次训练，学生作文偏题情况大大减少，作文讲评讨论后的"修改工程量"大为减轻。学生变得乐于动手修改作文了。

（摘编自李萍《初中作文教学之行动研究》，载《山东教育科研》2001年第2/3期）

上述实例中的教师把作文教学策略作为反思的对象，不断注意发现问题，又不断注意分析问题产生的原因，在后续的教学中尝试改进这些问题，使得自己的教学一步步贴近学生的实际和新课程改革的理念。这个过程就是持续反思、系统推进的过程，是教学反思的基本指向。

最后，教师要注重将反思的结果用于实践之中。反思本身不是目的，其目的在于切实变革实践，提升教师的教育教学水平。因而，教师一方面要注重对教育教学现象或问题的反思；另一方面，也要注重将反思的成果用于后续的教育教学活动中，不断改进实践状态，提升教育智慧。

附录：《记我的一次反思教学经历》及其评析

【缘起】"坑人"事件

二年级上册《数学》（义务教育课程标准实验教科书新世纪版）上有"关于概率的初步认识"——"可能、一定"。大家都在研究如何上好这节课。有的研究课我觉得上得有点偏，主要偏在哪里呢？主要偏在教学定位。这节课的编写意图是让学生通过活动感受到有些事件的发生是可能的，有些事件的发生是一定的，也就是初步认识可能事件和确定事件，仅此而已。而有的老师上这节课的时候，把"可能性有大有小"和列举可能性的若干种情况都纳进来了。这主要是由不太清楚教材的结构体系造成的。

我在上这节课的时候，先让孩子们从装有三个黄球和三个白球的盒子里摸出一个球，让孩子们感受"可能"——可能是黄球也可能是白球。然后再让孩子们从装有六个黄球（没有白球）的盒子里摸出一个球，让孩子们感受"一定"——一定是黄球，不可能是白球。但事先不告诉孩子们盒子里装的是什么球，而是——

师：刚才同学们摸球了，有趣吗？

众生：有趣。（声音不高）

师：现在还想摸吗？好，（拿出事先准备好的盒子）如果你摸出的是白球，将会得到这个奖品（出示奖品），一个很好玩的小东西。（学生的情绪一下子被调动起来，都举起了手，好多孩子竟站了起来）谁来摸呢？看谁坐得端正！

（指名一男生到讲台前来摸球，孩子的手刚要从盒子里拿出来却被我按住）

师：他摸到的是什么球？

生：黄球。

生：是白球。

生：可能是黄球。

师："他用上了"可能"这个词，真好！请你拿出来吧。

（男生将球拿出，是黄球，孩子们发出一片惋惜声。再指名一女生，又摸出了一个黄球，孩子们又是一片惋惜声。这时学生情绪高涨，争先恐后。）

师：（再指名一女生）这一次摸到白球了吗？（停顿，让孩子们在脑子里猜测）好，请拿出来。

（她摸到的也是黄球，她自己笑了，同学们也笑了）

师：（再指名一男生）他能得到华老师的奖品吗？

（他拿出来的还是黄球。孩子们有些骚动。）

师：还想摸吗？

（还是有不少孩子举起了手）

师：有没有人有意见？有没有想法？

女生：我觉得这盒子里全部都是黄球。第一，您怕同学得到奖品在课上玩。第二，这奖品是买来的，您以后还要用。所以，我觉得这盒子里全部都是黄球。我肯定这一点了。

师：真的吗？你想知道真实的情况是怎样的吗？

众生：想！

（我打开盒子，让学生看到了六个黄球，众生哗然。猜对的同学大喜。我将球一个一个拿出来，最后将盒子倒扣过来，孩子们都笑了。有一男生的声音："上当了！"）

师：上当了？是，这是华老师跟大家开了一个玩笑，这个盒子里面装的都是黄球，可能摸出白球吗？

众生：不可能！

师：（板书：不可能）从这个盒子里面摸出一个球——

生：百分之百是黄球！

生：一定是黄球！

（我板书：一定）

接着，我又创编了一个看连环画、听故事的活动，让学生用上已形成的"可能"和"一定"来分析和判断。

出示连环画，画外音：一个公司老板亟须招聘一些员工。于是，他就在公司的门口贴出了一张特别具有诱惑力的广告。上面写着："来我公司工作，工资高，每天你可能得到 8 枚金币。"这个广告贴出去之后好多人都看到了。它真是太具有诱惑力了。于是真的有很多人来到公司打工。大家辛辛苦苦干了一个月，该拿工钱的时候，却发生了这样一件事——老板提着一袋金币过来，打工的人刚想拿，老板说："不许动！要想拿到金币，还得做一件事情——你们把它抛起来掉在地上的时候全部正面朝上，你们才能把这袋金币拿走！"打工的人能拿到这些金币吗？

接下来就让学生说想法。

……

男生：如果是和盒子里的一样的话，那些人也只有一个答案——只有反面。因为我猜测金币两面都是反面。如果盒子里有两个字的话，你也能猜到。

师：让我来猜哪两个字？

男生：（点头）就在盒子里面，你自己应该能猜到。看是看不见，但你脑子里面应该能想到。

师：挺厉害的！盒子里的两个字是什么？

女生：（善意提醒）没有。

男生：（重重地说）坑人。

（全场哄堂大笑）

师：（放声大笑之后）对，华老师就是想让大家知道：刚才那个摸球游戏就是坑人的！

（全场掌声和会意的笑声）

……

上完这节课，我深深地为孩子们积极的参与、独特的体验、大胆的表达而高兴："新课程下的孩子们真是了不得！"

【反思与再实践】

回眸"肯定"的女孩

那个女孩虽然判断出了盒子里都是黄球，但她是从前四位同学摸出的球的情况来判断的吗？不得而知。但从她的解释来看，却是另一个判断过程："我觉得这盒子里全部都是黄球。第一，您怕同学得到奖品在课上玩。第二，这奖品是买来的，您以后还要用。所以，我觉得这盒子里全部都是黄球。我肯定这一点了。"或许，这位女孩的思维是两者兼而有之，但她表达出来的却是来自她课堂生活积淀的合情推理，并不是根据摸出的球的情况而作出的"可能"猜想。

她为什么会这么说呢？

自新课程实施以来，有一股非常好的潮流，就是我们的数学课堂尽可能地和孩子们的生活接近，取材于孩子们的生活，追求"数学生活化，生活数学化"，既调动了他们的学习积极性，又让他们体验到数学的价值。但是，有的老师为了让学生围着自己转，许诺奖给学生卡通玩具；有的老师让学生运用所学的知识为老师、为学校、为市长"排忧解难"、"出谋划策"……然而，"图穷匕首见"，忘了兑现，不予兑现，不可兑现。这样，学生们积淀下了何种情感呢？我曾在一个礼堂听过这样一节"设计方案"的课：在最后一个环节，老师说："我们刚才是坐车来的，现在我们一起来设计一个坐车回去的方案，大车最多坐几个人，中巴车最多坐几个人，小车最多坐几个人？"学生们设计得很好，老师的组织和引导也很好。临下课时，大家评议出了一个最佳方案。下课了，我跟在学生们后面一起下了楼。结果看到的是上课的学生和做课的老师挤上了一辆大巴车。

我们的一堂课犹如一场足球赛。要有绝妙的攻防方案、流畅的传接配合，更要有踢好"临门一脚"的意识和功夫！

回味"坑人"二字

"有奖摸球"是有意设计的。设计的意图，一是调动孩子们参与的积极性——摸到白球有奖，孩子们会更来劲。二是孩子们已经形成了"可能"的概念，那么他想自己摸到白球的愿望会更强烈，未能如愿，就会迫使他作出猜测。原先摸到白球的愿望越强烈，后面"从这样一个盒子里摸出来的一定是黄球"的体验也就越深。三是促进孩子的社会化。西安的"宝马车案"不就是这样的吗？街头摊贩就常有这样的把戏。

不过，我没想到学生会诘问出如此激烈的"坑人"二字。小学生，特别是低年级的孩子对老师非常敬佩，他们觉得老师特别高大。可是今天的这个活动做完以后，他们觉得"上老师当了"，他们觉得老师在"坑人"。这对于教师形象的负面影响是很大很大的。亲其师才能信其道，怎么解决这样一个问题呢？

如果没有奖，就没有这样的问题，学生就不会说老师"坑人"。但没有奖又怎样让学生参与兴致高呢？后来想到：摸出一个黄球，就不放进去，然后再去摸的时候，摸到白球的愿望也就会越来越强烈。但我后来再想：这样的设计不好，它和后面将讲到的统计概率的游戏规则相冲突。摸球一类游戏的规则是摸出来还要放回去才能再摸。不放回去，样本就不一样了。

我还是不想把"有奖"去掉，那怎么办呢？

想了两天以后，我儿子的一句什么话启发了我。我到学校后面的小商店里拍了一张相片，小商店的货架上是琳琅满目的商品。开始上课时，有意不穿外套。到"有奖摸球"前，我穿上外套，投影那张相片。然后说："我是这个商店的老板，你看我这里有吃的，有喝的，有玩的，还能摸球得奖呢！"然后，组织学生摸球……当孩子们情绪开始激愤，有意见，要说"坑人"的时候，把外套脱了。"同学们，老师来了，你有什么话想说？"相当于是一次采访，让学生谈感受。一件外套，将老师保护了起来，还这类游戏本来的面目。

第二次上这节课时，我这样做了，真有效，没有学生再说"上老师当了"。为什么这么有效呢？这就是一种角色扮演。有没有这种角色的扮演，效果就是不一样。正像我们讲"方向和路线"的时候，会设计问路的情境一样。如果老师一边问话一边伸手做打电话的动作，那一下子就把学生带入一个打电话问路的情境。有伸手做打电话的动作，你就是一个问路人；而没有伸手做打电话的动作，你就是一个老师。

有时候一件小小的道具、一个小小的手法的作用是挺神奇的。

后来我又想：还有没有更好的办法？有道是"没有最好，只有更好"。后来想到一个办法：把两次摸球的先后次序颠倒一下，还是有奖，先摸六个黄球，再摸三个黄球三个白球。先摸六个黄球，当孩子感觉"没有白球"、"上当了"的时候，老师有一个很好的解释，就是："对不起，老师拿错盒子了。"不是老师有意而是老师的疏忽。分析、揭示"一定"之后，接着再来摸三个黄球三个白球，感受"可能"，真把奖品奖出去。

"大道至简。开始怎么没有想到呢？"因为我有经验，先后次序的调整，往往就会别有洞天。

第三次讲这节课，我尝试了新的设计，效果却不好！

这是怎么回事呢？我想最主要的原因就是次序调整后，孩子们没有先摸装有三个黄球和三个白球的盒子，还没有形成"可能"的概念，摸一个球出来会是什么结果，学生心中是无数的。同时，事先没法交代盒中球的情况，真有点"盲人骑瞎马"的味道。所以这样的设计教学效果就不好。

看来还是要先摸三个黄球三个白球，再摸六个黄球。摸六个黄球有奖，但不可能得到，如果后面能再设计一个活动，让学生有可能得到这个奖品就好了。我在思索……

顾盼四幅连环画

回头看看创编的看连环画、听故事环节，挺欣慰。那是费了两天的工夫才编成的，可以达到多个目的：课程标准中提出的改变题目呈现方式的积极尝试；让学生在饶有情趣的情境下，运用"可能、一定"来进行分析、判断；在富有挑战性的情境中，积累应对智慧。

再细想，觉得这样一个故事也有不妙的地方。金币落到地上有没有可能全部正面朝上？从理论上说应该是可能的，只是可能性太小了。这个微乎其微的可能性，能让二年级的学生来认识吗？

有一天，看中央电视台的《今日说法》，突然悟出撒贝宁讲的故事可以"拿来"一用。于是，我将录像剪成两段。

> 撒贝宁：古代有一个将军打了败仗，他和他的手下被敌军追到河边，走投无路的时候，将军决定拼死一战，但是手下的人都觉得凶多吉少，将军拿出一枚铜钱说："如果抛出去是正面，那么我们就必定胜利；如果抛出是反面，你们就跟着我投河自尽。"

故事播放到这里，挺悲壮的。然后组织学生发表感想：铜钱落到地上可能正面朝上，也可能反面朝上；将士们可能胜利，也可能投河自尽。

撒贝宁：结果铜币抛出来是正面，士气大振，他们把敌军杀得片甲不留。最后，将军拿出铜钱给大家看，两面都是正面。

再让孩子在笑声中分析：如果两面都是正面，那会怎么样？一定是正面。

这样，用一个现成的故事，把"可能"、"一定"很好地串起来。

【感悟】教学的生命力在于"刷新"

面对变动不居的课堂，面对课堂上发生的教学事件，当我们以经验的方式无法化解的时候，就需要通过反思来提升我们的教育智慧。同时，反思教学会使我们从"日常教学"中觉醒过来。叶澜教授说："一个教师写一辈子教案不一定成为名师，如果一个教师写三年反思有可能成为名师。"有学者指出：对教师而言，能否以"反思教学"的方式化解教学中发生的教学事件，是判别教师专业化程度的一个标志。不断地反思，我们的教育智慧也随之不断增长。

反思之后当以再实践来检验。实践才是检验真理的唯一标准。再实践以后再反思：为什么有的方法是行得通的，有的方法是行不通的？再寻求新的解决方法。在这样的循环往复中，就可以提升我们的专业素养。

反思之后要学习。孔子曰："学而不思则罔，思而不学则殆。"思而后学，学得更有效，思得更深刻。捧读专著是学，请教同仁是学，观天赏花看电视也是学。

实践、反思、学习应当是一个不断循环，相互融合的过程。正如《中庸》"问政章"所言："博学之，审问之，慎思之，明辨之，笃行之。有弗学，学之弗能弗措也；有弗问，问之弗知弗措也；有弗思，思之弗得弗措也；有弗辨，辨之弗明弗措也；有弗行，行之弗笃弗措也。人一能之，己百之；人十能之，己千之。果能此道矣，虽愚必明，虽柔必强。"

新课程要求我们教师具备的不只是操作技能技巧，还要有直面新情况、分析新问题、解决新矛盾的本领，在更高的起点上不断实现自我超越的精神。我们教学的生命力不是"复制"而是"刷新"。

（由北京第二实验小学数学特级教师华应龙撰写）

【案例评析】

华应龙老师撰写的《记我的一次反思教学经历》，以一个反思的实践者的姿态，对自己执教小学二年级"关于概率的初步认识"的教学经历，作了系统反思。案例无论在反思内容还是反思形式上都具有典型意义，值得我们借鉴学习。

有志于教学反思的老师，常会被这样两个问题困扰：反思什么和如何反思。对这两个问题，我们不妨从华老师的案例中寻找答案。

第一个问题：反思什么。课堂教学中有哪些问题可以成为反思的对象，这是教师在教学中进行反思的一个前提性问题。有了反思的对象，也就有了反思的着力点，有了分析的范围和改进的方向。在华老师的案例中，他至少选择了五个方面的问题作为反思对象。

一是教学定位问题。"关于概率的初步认识"是一堂研究课，面对小学二年级学生的研究课该如何上？怎样才能较好地实现教材设计的意图，纠正原有教学中的偏差，达到让学生通过活动感受到有些事件发生是可能的，有些事件发生是一定的？华老师在上课之初，就对这一问题进行了思考，对有的老师没能上好这堂课的原因进行了分析。这种反思保证了教学有一个很好的立足点，不至于在立意上偏离教材主题要求。

二是动态生成问题。在教学反思中，占较大比例或者说大多数问题属于此类。新课程把教学看作是师生积极互动的过程，教学中师生交往多了，对话多了，出现一系列教师意想不到的情况自然也多了。面对这些生成的资源，教师需要从教学要求出发加以把握和利用，从而改变教学的预期行为，重新构建教学全过程。华老师在反思中，分析了一个上课中动态生成的事件，即当他为了引发学生形成"一定"的认识，在一只盒子里装进6个黄球，而前面4位同学摸出的都是黄球时，一位女同学没有像老师设想的那样产生对"一定"的基本认知，而是说出这样一段让老师意外的话："我觉得这盒子里全部都是黄球。第一，您怕同学得到奖品在课上玩。第二，这奖品是买来的，您以后还要用。所以，我觉得这盒子里全部都是黄球。我肯定这一点了。"这个事件是教师事先没有设想到的。为什么会出现这样的想法？它意味着什么？华老师对此进行了思考，并从中获得启迪。

三是教学设计问题。实际的教学进程和效果有时是与教学设计的意图相一致的，但也难免产生两者不相统一的现象，在教学反思中捕捉这类事件，无疑有助于完善日后的教学，积累教师自己的教学智慧。华老师在反思中回味了学生说出的"坑人"二字。他之所以设计"有奖摸球"这个活动环节，就其本意来说，是为了调动学生参与的积极性，让学生对"可能"、"一定"这一基本的概率内容有所体验，但学生在识破老师"有奖摸球"游戏中的破绽后，没有把自己的思维投向数学概念概率，反而用道德范畴的"坑人"来总结，反映出教学设计需要进一步修正。在日后的教学中，华老师又从对这一问题的反思入手，进行了新的探索。

四是教学效果问题。教学是不是达到了预期的教学效果？学生的行为等是不是产生了预期的变化？这是教师在反思时需要着重把握的问题。教学总是有一定的目标指向的，总是要达到一定的知识、情感等方面的要求的。反思需要围绕这些内容展开。华老师反思了三次上课的教学效果，从第一次上课学生"有奖摸球"教学效果不突出，到第二次上课重新设计教学后出现的"挺神奇"的作用，到第三次上课尝试新的设计，"效果却不好"，提供了几种不同的教学运行轨迹，展示了几种不同教学选择的功效。

五是教学资源问题。为教好这堂研究课，华老师开发利用了一些教学资源，先是费了两天工夫创编了四幅连环画，让学生在饶有情趣的情境中，运用"可能"、"一定"来进行分析、判断。在课后的反思中，他觉得这一连环画的运用有其不当之处。在教学后的某一天，他在中央电视台看到一个节目，认为能够很好地说明教学的意图，产生了将其加以运用的想法。这段反思记录，反映了他不断追求卓越、改变教学方式的心路历程。

其实，教学中的反思远不限于上述五个方面。华老师的教学反思向我们说明：教学中的任何疑难都可以成为反思的对象，对教学中任何困惑的思考都有可能成为教学智慧产生的源泉，对教学中任何关键性问题的不断求索都可以增进教师的反思能力。

第二个问题：如何反思。确定了反思的对象，接下来就需要进一步谋划反思的具体实施方式了。一些老师即使有了明确的需要反思的问题，也常苦恼于无处着手，觉得没什么内容好写，没什么话要讲，结果往往是反思停留在表面水平，难以深入，难以真正使反思成为自己专业成长的手段。不妨看看华老师在反思中做了些什么。

1. 把新课程理念作为反思的着眼点。新课程倡导教学要回归学生的生活世界，反映在数学的实际教学中，就成了追求"数学生活化，生活数学化"。如何从生活实际中选取合适的素材供学生学习，又如何使学生在课堂上体验的生活与实际的生活状态相一致，应该说是当今教学中仍没有解决好的问题。华老师以此为着眼点，对自己的课堂行为进行了重新梳理，注意到了存在的一些问题。教师在撰写教学反思时，应该对照新课程的理念来审视自身的教学实践，思考自己的教学在多大程度上体现了新课程理念的要求，还需要在以后的教学中做些什么。这样的反思会使新课程的理念逐步在课堂上得到体现和落实。

2. 把相关经验和理论作为反思的重要参照。进行教学反思时，并不见得只是就问题而谈问题，在对教学中存在的问题作深入思考时，需要回忆、整合先有的经验，借用某些已有的理论来分析。华老师在反思时联系自己以往听课的经历，并且把叶澜教授关于课堂教学的论述作为反思的基本参照，使教学反思成为联系以往经验与现有做法的桥梁，成为贯通既定理论与实践的中介。这样的反思摆脱了纯粹经验的说教，是对课堂实际行为的有效提升。

3. 把整体反思与局部反思相结合。课堂教学的反思，既可以是对课堂教学的各个方面的整体思考，也可以是对课堂教学某个环节的局部思考。有的时候需要从整体层面来分析，有的时候需要"究其一点而不及其余"。两种反思的方式都是允许的，视具体情况而定。华老师的反思中，有涉及教学总体设计思路方面的再探讨，更有对教学中具体环节——"有奖摸球"和"四幅连环画"的再审视。两者的结合，使反思在整体中把握局部，在局部上认识整体。

4. 把反思贯穿于课堂教学的全过程。我们常常说教学反思要体现在教学的始终，反映在教学的全过程，但可能缺乏有益的直观经验。华老师的教学反思很好地做到了这一点。他对教学的三个相互连贯的环节都进行了反思。教学前的反思集中在教学定位、设计理念和方法上，教学中的反思集中在课堂动态生成的事件上，教学后的反思集中在教学效果与设计意图是否一致上。反思成为引导教学的基本手段，成为教学中的有机组成部分，从而也就成了不断提升教学质量的动力和源泉。

5. 把反思结果运用于实践、改进实践。教学中的反思不是坐而论道的玄思，需要将反思得到的启示、体会、对策转化成为后续教学的具体举措。华老师在自己的教学实践中，面对教学中存在的一个关键性问题，经过反思，连续设计了三种不同的教学方案，并在实践中检验三种方案不同的实施效果，深化了自己对教学的认识，并且提升了自己的教学反思能力。

教学反思是教师从事教学研究的基本手段，教师在实践中掌握了这种手段，无疑会成为自己专业成长与发展的重要工具。撰写教学反思的形式很多，华老师的案例是先描述教学片段，再叙述自己的思考，其实还存在其他一些撰写方式，如夹叙夹议、材料与反思相结合等。教学反思写法灵活，能够把自己对教学的思考和认识恰当地表达出来的方式，都是可选的方式。

（由郑金洲撰写）

第八章　教育叙事：研究成果表达形式之三

　　叙事研究是近几年在我国教育界颇受关注的研究方法之一，而教师以研究者身份从事的叙事研究是其中重要的组成部分。教育叙事（包括教学叙事）可以理解为一种研究方式，也可以理解成研究成果的表述形式。作为行动研究成果表述形式的教育叙事，既指教师在研究过程中用叙事的方法所作的某些简短的记录，也指教师在研究中采用叙事方法写作的成形的研究成果。

一、教育叙事的特点

　　叙事长期而又广泛地存在于我们的日常生活世界，以及体现在文化艺术领域（如小说、诗歌、绘画和影视），是人们表达思想和情感的主要方式，也是人们基本的生活方式。它陈述的是人、动物、宇宙空间各种生命事物身上已发生或正在发生的事情，是人们将各种经验组织成有现实意义的事件的基本方式。简单地讲，叙事就是"讲故事"，讲述叙事者亲身经历的事件。

　　教育叙事尤其是教师所作的教育叙事，陈述的是教师在日常生活、课堂教学、教改实践活动中曾经发生或正在发生的事件，也包括教师本人撰写个人传记、个人经验总结等各类文本。这些"故事"样式的实践记录，是具体的、情景性的，活灵活现地描绘出教师的经验世界，记录的是教师心灵成长的轨迹，道出的是教师在教育教学活动中的真情实感。

　　教师自我叙述教育教学故事，既不是为了检验某种已有教育理论，也不是为了构建一种新教育理论，更不是向别人炫耀自己的研究成果。教师叙事研究的主要目的，是以自我叙述的方式来反思自己的教育教学活动，并通过反思来改进自己的行动，不断提高教育教学质量。

教育叙事研究的基本特点是研究者以叙事、讲故事的方式表达对教育的理解和解释。它不直接定义教育是什么，也不直接规定教育应该怎么做，它只是给读者讲一个或多个教育故事，让读者从故事中体验教育是什么或应该怎么做。主要具有以下特点：

第一，叙述的故事是已经过去或正在发生的教育事件。它所报告的内容是实际发生的教育事件，而不是教师的主观想象。它十分重视教师个人的处境和地位，尤其肯定教师的个人生活史和个人生活实践的重要意义。在教育叙事研究中，教师既是说故事的人，也是他们自己故事里或别人故事中的角色。

第二，叙述的故事中包含与事件密切相关的具体人物。教育叙事研究特别关注教师的亲身经历，不仅把教师自己置于事件的场景之中，而且注重对教师个人或学生的行为作出解释和合理说明。

第三，叙述的故事具有一定的情节。叙事谈论的是特别的人和特别的冲突、问题或使生活变得复杂的任何东西，所以叙事不是记流水账，而是记述有情节、有意义的相对完整的故事。

教育叙事研究非常重视教师的日常生活故事及故事的细节，不以抽象的概念或符号替代教育生活中鲜活生动的情节，不以苍白的语言来描述概括的教育事实。这种研究方式和成果表达形式对教师来说有着显而易见的优点，同时其局限性也是非常明显的。下表大致能说明这一点。

教育叙事的优点和局限性

教育叙事的优点	教育叙事的局限性
• 易于理解 • 接近日常生活与思维方式 • 可帮助读者在多个侧面和维度上认识教育实践 • 更能吸引读者 • 使读者有亲近感，具有人文气息 • 能创造性地再现事件场景和过程 • 给读者带来一定的想象空间	• 一旦与传统的研究方式混淆，容易遗漏事件中的一些重要信息 • 收集的材料可能不太容易与故事的线索相吻合 • 读者容易忽略对故事叙述重点问题的把握 • 难以使读者有身临其境的"局内人"感觉 • 结果常常不清晰不明确

二、教育叙事的类型

教育叙事有着多种不同的角度和立场。教师在研究中，可以根据需要加以选择和运用。下面提供的仅是常见的几种叙事类型。

1. 按照事件发展的时间顺序逐件陈述，注重突出其关键部分

案例 8-1

××××年 3 月 10 日

最近女儿生病住院了，我天天下班后要赶往医院。财务室通知我顾兵未交 400 元学费。我找来顾兵，他告诉我，400 元学费交给母亲了。我一听大惊，莫不是他母亲毒瘾又犯了，把钱用了？越想越有可能，赶紧拉了顾兵找他母亲去。路上，顾兵一直不吭声，快到母亲家门口时，他叫住了我。"老师，您不要生气，我告诉您，那 400 元钱我打游戏用完了。"这回我真生气了，想着医院里的女儿，再看看眼前这不懂事的、教也教不会的顾兵，我转身就走。

××××年 3 月 15 日

接连几天，我没理顾兵。再也不管他的早饭，再也不问他的作业，再也不想为这种学生操心了。

早晨来到办公室，看见桌上放着一本语文笔记本，是顾兵的。他把笔记本从第一课重做至第十六课，字迹端正，还用不同颜色的笔写，很干净，很漂亮。在笔记最后，我看见贴着一个自制的信封。打开信封，里面有一封信：

宋老师：

前几天的事我已多次犯错，但我确信，我以后不会再发生了，老师，对不起！

老师，您别伤心了，我会以全新的面貌站在您的面前。请让我从头开始。老师，求您了！

我还能说什么？眼泪止不住地流下。

××××年5月8日

今天，顾兵老早来找我，对我说："我想回家！"我知道，从这学期起，顾兵搬到他的伯伯家去了。这是他爷爷临死前安排的。为此我还写了一封信给他的伯伯，替顾兵高兴，终于有个安定的地方了。可好景不长，从顾兵的口中我听出了矛盾，我去过他德州四村的二伯家。二伯家有个年龄与顾兵相仿的堂哥。"我们管吃管住。"他婶婶对我说，"学校开支由他苏州的大姑负担，他爸给零用钱。吃的方面我们总是尽量满足，这孩子挑食，只要我儿子有的吃他也有的吃。""这学期我儿子初三要毕业，忙着管他功课，我们也不时检查顾兵的功课，他做是做了，但一塌糊涂。"他二伯对我讲。

临出门时，他婶婶送我去车站。路上对我说："我们难哪！毕竟不是亲生的。这孩子还搬弄是非，也不知他到他父亲那儿说了什么，搞得我们里外不是人。"

如今顾兵向我表明这一想法，看来问题严重了。

"你想回家。回哪个家？母亲？父亲？"

"去父亲那屋。"

"可不能保证你天天有晚饭。"

"你和我一起吃。"

"顾兵，那不是长久之计。"

"反正，我不愿再住，他们对我就是和哥哥不一样。"

××××年5月19日

拖着沉重的脚步，带着一身疲倦回到家。一打开门，整个身子瘫倒在床上，脑海里还浮现出刚才那一幕，我感觉我的世界末日来到了！

下午4点多钟，我正在补课。(6)班一学生传话说李老师找顾兵，顾兵便走出教室。没多久，走廊里传来一阵吵闹声，接着便是"乒乓"声。我嫌吵，随手关上门。突然，顾兵冲进教室，大嚷："救命！"只见(6)班丁某口喊："我砍死你！"手持菜刀追杀进来。从教这么多年从未目睹过这种场面，一场夺命之战就在老师的眼皮底下公开上演……

事态被及时制止，幸未酿成大祸。经查，原来前几天为了一个篮球顾兵痛打了（6）班丁某，丁某认为大失脸面，一口气怄了好几天，今天实在想不通，回家拿了菜刀就来砍顾兵。看着顾兵煞白的脸，惊魂未定，我欲言又止。前些日子校长刚找过我，说我班现在进步很大，叫我准备材料申报优秀班级。为此，我还特意进教室给同学们打气，要他们珍惜这一机会，别节外生枝。想不到不该来的还是来了，又是顾兵惹的祸，把我辛辛苦苦建立起来的功绩给毁了，这下没份了！

"唉！"带着这份哀怨，我要睡了……

××××年5月21日

走出校长室，心情很坏。刚被校长"谈过话"，"菜刀"事件还未处理完。回到办公室，看见桌上有一块蛋糕，邻桌老师说你们顾兵过生日给你吃生日蛋糕。一听这话，我火冒三丈："这小子，还有闲情雅致开生日party！××同学，帮我把蛋糕退回去！"

临下班时，一位女生怯生生地递给我一张纸条跑了。

宋老师：

今天中午是我们几个七拼八凑给顾兵买的蛋糕。本想缓和一下几天来的沉闷气氛，大家闹一闹。刚要切蛋糕，顾兵直嚷第一块给宋老师，他切下了最漂亮的那块放在您桌上。

我们正闹得欢时，你托人把蛋糕退了回来。顾兵哭了，这还是我们第一次见他哭……

读着读着，我已意识到自己又一次伤害了一个孩子的心。兴冲冲买了一只蛋糕，我要去顾兵的二伯家，向顾兵说声："对不起，祝你生日快乐！"……

（由上海市三好中学宋瑾老师撰写）

这个叙事是按时间序列进行陈述的，看上去像流水账一样，实际上作者始终关注的是事件的核心人物——顾兵，叙述的是自己与顾兵的家人和本人交往的经历，线索清晰，重点突出，关键问题一直在写作者的注意范围内。

2. 着重强调教师个人对问题的认识，夹叙夹议地陈述事件全过程

案例 8-2

这段时间我一直在思考"课怎么备"、"教学设计如何设计"、"教案如何写"之类的问题。在大学读书时，教"教育学"的老师在讲到"如何备课"这一节时，苦口婆心地强调要"备教材"、"备学生"，以教材的"知识结构"和学生的"学情"作为选择教学方法和教学工具的依据。记得期末考试的考题就是"怎样备课"。

自己做了教师之后，一直按"备教材"、"备学生"这两个要求来设计我的教学。后来我发现，"备教材"、"备学生"其实是合而为一的事情，而并非分开的两个要求或两个程序。我将它理解为"根据学生的学情梳理教材的知识结构"。

有一段时间，我很为我自己的这个想法和做法得意。学校曾在全校范围内检查教师的教案，我写的教案作为优秀教案受到学校领导的认可和赞赏。

但做教师的时间长了，我感觉我的教案越来越没有个性，越来越没有生机。像周围其他老师一样，我发现我的教案不过是在不断"重复"昨天的、过去的故事。教案也越来越简单，有时甚至懒得做教学设计，懒得写教案。

我开始为教案的问题感到困惑。

前两天接到学校通知，说有大学的专家来听我的语文课。学校领导提醒我"要注意教学设计"，"专家可能要看教案"。

我对这种任务并不陌生，我已经习惯于上所谓的"公开课"了。

但是，在为这节"公开课"准备教案的过程中，在我提醒自己"要注意教学设计"的过程中，我开始反思我以往的"公开课"的得意与失意之处。我意识到我所有的得意与失意之处，似乎都与"教案"、"教学设计"

相关。而且，关键的问题似乎还不在"上课前"我如何设计教案，而是"在课堂教学过程中"，如何根据学生在课堂中的实际状况调整我原先设计好的"教案"。如果这样来看，"教案"可能不完全是在上课之前设计好的，真正的教案，是在教学之后。

我不知道我这个想法是否正确，但我很愿意按照这个想法来展开这次的"公开课"。

（任英《教案：下课之后才完成的故事》，《人民教育》2002年第12期）

上述叙事没有简单地陈述事件经过，而是着重将自己的心理感受包括对一些事物的看法融入对事件的展现之中，叙述与评析相结合，读者在阅读过程中，既可以了解事件的发展过程，也可以了解教师本人对问题的看法以及心理活动过程。

3. 从学生的角度陈述故事，注意使用学生的语言和文化

案例 8-3

《天山景物记》是一篇文质兼美的写景散文，处处洋溢着浓郁的诗情。我先用一课时让学生充分阅读、鉴赏品味、互动感悟，然后再用一课时教学生依文"对""歌"（作对联、写诗歌），收到了很好的教学效果。第二课时我是这样安排的：

上课伊始，我就用饱含激情的语调说："同学们，著名作家碧野同志用一支点染江山的彩笔为我们展示了一幅幅旖旎温柔、艳丽迷人的天山自然风光，前两个小标题下的景物更是美不胜收。祖国的名山胜水多佳联妙对，文人墨客的题诗歌咏更为之增色添辉。今天我们依据这两部分的内容学写对联，为天山增添一道文化景观，如何？"学生的眼睛亮亮的，一下子产生了浓厚的兴趣。

复习了对联的特点和写作要领后，我提出训练要求：可独立撰写，也可合作完成，并请写在投影片上准备"发表"。

十分钟后，思维敏捷、素有"才子"之称的张闻宇同学率先举手："我拟了两联。一联是'戈壁沙滩，赤日炎炎，暑气渐渐；天山雪峰，白

云朵朵，溪流潺潺'。另一联是'红鳞映清流诗情一片，蓝天衬雪峰画意无穷'。"同学们报以热烈的掌声，但也指出"无穷"与对应词"一片"结构不同，对仗不工，可以改为"几重"。女"诗人"季莉敏也不甘落后："林海浩瀚，推出万重浪；雪峰矗立，插入千层云。"又是一阵掌声。一向腼腆的赵云同学站了起来："青青蓝蓝，绿草毯上野花点点；重重叠叠，塔松伞下日影斑斑。"得到同学们的一致赞同。徐亮说："我仿赵云句式写了一联：'隐隐约约，山石鼓上水声阵阵；蜿蜿蜒蜒，密林深处鸟鸣声声。'"我投以赞许的目光，并指出"蜿蜒"是联绵词，不可随便拆开随意增加音节，可以改为"清清幽幽"。

武侠小说迷郑枫递来他写的投影片："巍峨天山入云霄峰擎玉臂，氤氲紫气绕太虚竹展翠枝。""妙！妙！"同学们击节赞叹。原来联语巧妙嵌进了金庸《天龙八部》中的两个人名——萧峰与虚竹。的确很可玩味。得了鼓励的他又补充说，"我还有一句下联——'壮丽瀑布泻断崖水开白莲'，这与课文意境更相合些。"同学们点头称是。这时，钱虎斌同学念出他的上联——"落日熔金暮云合璧夕阳无限好"，并诚征下联。课代表瞿玲燕略作思考后说："牧马奔腾野花绚烂草原风情浓。"钱虎斌同学巧妙点化古人诗句，不露痕迹，既显得典雅又与牧场黄昏的情境相合，真是不错。

同学们还兴致勃勃地交流了他们合作完成的对联，出现了诸如"牧羊似玉珠点缀草场，森林似青幔遮盖群峰"、"风临毡包弦音袅娜溢笑语，月洒牧场草色朦胧引退思"等精彩联语。课堂气氛空前活跃。

离下课还有十多分钟，我因势利导进入第二个环节：学写诗歌。

我说："同学们，联语就是诗语，特别是律诗，要讲究平仄，中联两联要求——""对仗！"同学们异口同声地说。"对。刚才同学们以凝练的联语已经很好地概括了课文的内容，下面能否再进一步，把有关'雪峰'、'溪流'、'森林'、'野花'的联语加以组织，串连成一首能概括这部分内容的律诗呢？除每句最后一字必须注意平仄外其余的可不计较。"

五分钟以后，一位男生大声念了他的"作品"："天山脚下走，人在画中游。蓝天衬雪峰，红鳞映清流。蹄响林愈静，鸟鸣山更幽。骏马行溪畔，野花过人头。"同学们报以更热烈的掌声。我十分欣喜，鼓励同学们：

"依文写诗并不难，关键在于对语言的敏感和提炼。下面请同学们把'迷人的夏季牧场'改写成一首体式更为自由的'新诗'。"同学们立即兴致盎然地进入了新的"创作"状态。

下课前三分钟，有两位同学"发表"了他们的诗作，还有更多的同学来不及当堂发表，不无遗憾。我布置他们课后再作修改提高，并建议大家到校园网上发表自己的作品。同学们兴奋极了。

《天山景物记》我用多种方法教过多遍，这节课我教学生"对""歌"，作品不免稚拙，但收到的效果确实很好。同学们品尝了合作的快乐和创造的喜悦，得到了一次有益的写作训练；在充满诗情的氛围中受到一次美的熏陶，更使他们加深了对课文的理解。

（由江苏省张家港市梁丰高级中学张兰芬老师撰写）

在事件的叙述中，作者更多的是站在学生的立场上陈述事件的原委，并且在叙述中，将自己作为学生中的一员，使用学生的文化特质描写事件的每一个细节。这种叙述方式的特点在于运用被研究对象的身份、语言、行为等，再现事件发生的场景。它少了一份旁观者的冷漠，多了一份亲历者的热情。

以上三种教育叙事的方式各有特点，第一种注重还原事件的原貌，使用的是"白描"的记叙手法，尽量原原本本地展现事件本身，但在记叙中，写作者并不是面面俱到、事无巨细，而是始终关注事件的核心、问题的关键。第二种注重教师个人对事物的判断，虽然它少了些第一种方式的客观和平实，但写作者密切关注自己对问题的看法和感受，时时以一种反思的姿态拷问自己的认识，无形之中多了些自我反思意识和对事件的深层洞察。第三种方式在一定程度上转变了教师自身的角色，是站在叙述对象的立场上记叙事件，读来翔实、具体、生动、有感染力，它提示我们：多立场、多角度、多侧面记叙教育事件，把握教育事件的每一个细节，是使教育叙事成为提升教师教育教学智慧手段的重要前提。

教育叙事的方式有很多，除上述提到的三种类型外，也存在许多其他的形式，如写作者提供的故事有时就像一幅多彩的拼图，可能有清晰的开始与结尾，可能没有；叙述的故事可能从某一众所周知的价值观念和认识出发，充满解释和思想的律动，也可能只陈述客观事实，提供的是事件的某一或某些片段。如此等等。教育叙事的方式无好坏之分，重要的是要根据所叙述事件的情况加以选择和运用。

三、教育叙事撰写中的注意事项

在教育叙事研究和写作过程中，需要注意以下事项。

1. 多项收集资料

教育叙事的写作离不开丰富的素材和详细的原始记录，而且，在资料的收集与整理的过程中，或许就会初步形成教育叙事报告的思路。

与资料收集密切相关的研究方法，通常是观察、访谈和问卷。教育叙事研究作为一种质的研究，在收集资料中所使用的具体研究方法，主要是参与式观察和深度访谈。在研究中，教师可以密切地接近被观察者，细致地观察研究对象的行为和神情；也可以与研究对象进行非结构性的、非常自由的且较为深入的访谈，捕捉把握研究对象的深层信息。

在参与式观察和深度访谈的基础上，教师可以及时地作一些记录，而一旦教师形成了记录的习惯，这些记录也可以被看成"教育日志"。案例8-1其实就是教师在"教育日志"的基础上写成的。通常而言，撰写教育叙事报告需要积累大量的第一手的记录，除教师自己的记录外，还应包括学生的周记、各种活动的图片、相关的文件等。

2. 把握事件主线

对收集的各种材料仔细进行比较、筛选和辨别，从中发现可用之处，是撰写教育叙事报告的第一步，接下来的一步要根据故事内容安排的需要将材料连贯起来。而一个完整的故事，应该有一个明确的主题，而且，这个"主题"应体现相关的教育教学理念，一定是从某个或一连串教育教学事件中产生，是从事件中梳理出线索，而不是将某个理论与几个教育教学事例嫁接在一起，即采用"观点＋材料"或"事实＋总结"的模式。案例8-3记叙了一堂课的教学场景，在记叙中，体现的是教师进行个性化阅读的教学理念，所有事件材料的取舍也是从个性化教学这一主题出发的。

教师在讲故事的时候还需要展现真实的自我，展示出具体的、独特的、情景化的日常教育生活。这样才会使讲述的故事生动形象、富有感染力，才能紧紧地吸引读者的眼球，深深地打动读者的心，并引起读者的共鸣，而避免落入惯常的经验总结套路，使用大众化的话语生产出"千篇一律"的文章。

3. 注重事件细节

教育叙事的对象就是教师自己和学生（师生同时参与并生活在教学事件之中），所"叙"之"事"就是教学事件和生活事件。事件在教育叙事报告中有着极其重要的地位，发挥着不可替代的作用，可以说，教育叙事报告就是由一系列事件和事件细节组成的。因而，撰写教育叙事报告必须时刻注意回到事件本身，用"事件"来说话，来讲故事。

对事件细节的关注和描绘，本身就能提供给读者丰富的意义生成空间。以电影中的叙事方法为例，"电影画面既有一种明显内容，也有一种潜在内容（或者可以说是一种解释性内容或一种提示性内容），第一种内容是直接的、可以鲜明地看到的，而第二种内容（虚拟的）则由导演有意赋予画面的或观众自己从中看到的一种象征意义所组成"（〔法〕马赛尔·马尔丹著，何振淦译：《电影语言》，中国电影出版社 1980 年版，第 70 页）。同样地，在教育叙事报告中，对事件细节部分的精雕细刻，除了能使读者了解故事的来龙去脉外，还能提供给读者隐藏在由细节组成的画面之中的潜在含义。如此一来，教师通过讲述自己的故事，叙述教育事件，描绘事件细节，本身就能显现出某种有价值的成分，甚至不需要过多地用理论来阐释事件的意义。

案例 8-4

小龙是我们班的一个学生，初见他的人都会觉得这个孩子长得机灵可爱，学习上也一定十分聪明。可教过他的老师都知道他的聪明没有用在正道上。上课时，老师在上面讲，他就在下面做小动作，一下课就没了影儿，直到上课他才满头大汗地奔进教室，每天的作业除非是在老师身边完成的，否则，回家是一个字也不会写的——凡是教过他的老师看到他没有不头疼的。

就是这样一个孩子，我想要转变他，就一定要先了解他，和他交朋友。俗话说："江山易改，本性难移。"不过"难移"只是"难"而已，并不是不可"移"。精诚所至，金石为开。任何一个人总会有一个能使他转化的渠道，教师应努力、充满信心地寻找这个渠道。

我利用课余和休息时间，找他谈心。慢慢地我了解到他的父亲下岗在家，整天打麻将；母亲是营业员，上班路途比较远，天天早出晚归，也没空管他，常常给他一些钱让他自己吃饭，渐渐地他就养成了一些坏习惯。在与小龙的接触中，我发现他不是一个无可救药的孩子，他身上也有优点。

根据他的特点，我决定先从作业着手，帮助他改掉不做作业的坏习惯。起先几天，每天的家庭作业我都是看着他做完，才让他回家，后几天的作业他能自己在学校里做完。现在他已经能自觉地在家里完成家庭作业了。虽然这对一般的孩子来说是一件很普通的事情，但对他来说已经是不小的进步了。每当他能按时完成作业时，我就适时地表扬他，鼓励他。渐渐地，他变得要上进了，变得懂事了，他已不再让老师们头疼，与以前的他也大不一样了。

一天早晨，我刚进办公室，数学课代表就捧着一叠数学作业本轻声地对我说："施老师，少了一本作业本。我怎么查也查不出是谁没交。"

"小龙交了吗？"我随口问了一句。

"他说他交了。"

"哦？那会是谁呢？你是不是数错了？"我有点不放心，还怀疑是课代表粗心。

"不会的，我数了好几遍，就是少了一本。"课代表辩解道。

我听了有点生气，跟着课代表走进了教室。到教室后我再一次问了一下课代表："作业本少了一本，到底是谁没有交？"教室里没有人回答。我提高声音又问了一遍，教室里鸦雀无声，同学们你看看我，我看看你，还是没有人承认。我想可能是我的声音太响了，于是换了个口吻温和地说：

"是谁忘了交作业？施老师知道他一定是做好了，只是刚才收本子的时候他忘了，对吗？没关系，只要现在交出来，施老师一样不会怪他的。"满以为我说完这一番话，总会有人把作业本交出来，可没想到他们照样坐着谁也不肯承认，我真的生气了。

"现在有谁愿意帮别人找一找？"同学们纷纷举手表示愿意。"那谁又愿意让其他同学帮助他找一找呢？"全班又一次齐刷刷地举起了手。"那我们就同桌之间相互找一找吧。"教室里顿时就忙开了，没过多久大家都汇报说没有找到。

我还是不相信，走到小龙身边问："小龙，你交作业了吗？"

"我交了，我一来就交了。"他理直气壮地回答。

"真的吗？"我追问道。

"施老师，我没有骗你，我真的交了。"

望着小龙，我将信将疑。"那你要不要施老师帮你找一找？""好的。"我没想到他回答得如此干脆。小龙把书包放在课桌上，把里面的书和文具都拿出来让我找，我开始怀疑是不是我错怪他了。我和小龙一起把书一本一本地放进书包。当我拿到一本英语书的时候，感到包书纸好像特别厚。我禁不住看了他一眼，小龙显得有点不自然。我掂量着这本英语书，望着小龙，我越不做声，他就越紧张，我就越觉得有问题。我轻轻地把包书纸打开，数学作业本就静静地躺在包书纸和封面的中间。"小龙，你有什么要解释的吗？"小龙保持沉默。

我不能容忍一个学生说谎，再也控制不住自己了，说话的声音也高了起来，批评的话倾泻而出，连过去的"老账"也翻了出来。最后还狠狠地训斥道："你真是一块石头，顽固不化！"他听了我的训斥，起先低着头，后来脸色顿变，扭身冲出了教室。

之后的几天，在我上课时，他不愿和我对视；课间休息也一直远远地躲着我；作业也有好几天不交了。显然，我们师生间已经产生了深深的隔阂。为此，我的心久久不能平静。这样劈头盖脸的批评有效果吗？能让他心服口服吗？我置他于难堪的境地，难道就能显示出教师的高明和威严吗？

我陷入了沉思：小龙这一阶段的学习应该还算认真，为什么会不做作业呢？背后的原因是什么？我这样的批评是不是过分了一些？若我是学生，会不会接受老师这种急风暴雨式的批评呢？不，我是不会的。

其实，每个人都有很强的自尊心，特别是学生，当他们有了缺点或犯了错误时，一般害怕老师批评，尤其是当众批评。当众批评既达不到教育目的，也会使师生关系不和谐。我为自己的做法而深深内疚。

一天放学后，我找小龙单独谈话。先向他承认我批评方法的不妥，向他道歉，同时也指出他不做作业是错误的。"你已经能按时完成作业了，这次可能有特殊的原因，但也不要轻易原谅自己。希望你能理解和明白施老师的一番良苦用心。一个同学偶尔有过失，只要承认了，改了就好。知错就改，就还是一个好学生。"听了我发自内心的话，他低声说："施老师，我懂了，我知道自己错了。"第二天我再见到小龙时，他不仅把前几天的作业都补齐了，而且比以前也开朗多了。我在他的周记上看到这样一句话："施老师，谢谢您。上次的谈话使我从内心感到善意和温暖，您在我心目中是可亲、可近又可敬的。我一定不会让您失望。"

从这件事的处理过程中我意识到理解和尊重学生更能体现教师的人格力量，也更能达到预期的教育效果。教师一不留神伤害学生是容易的，但不容易的是挽回学生对自己的信任。教师最细致、最艰巨的工作恐怕就是爱护和发展学生的自尊心、自信心。因此，现在一般当学生犯错误时，我总是先思考学生为什么会犯错误，做一做学生的学生，听他们诉说他们犯错误的原因。任何事、任何问题只要找到根源，找到问题的关键所在，所有的困难就都有可能最终得到解决。设身处地地从学生的角度想一想，从学生的立场思考问题，对我们教师来说是有百益而无一害的。在学生犯错误时，要先做学生的学生，再做学生的老师。

我想，要让小龙一下子完全转变过来，那是不可能的，只有给他时间，让他在自己取得的点滴进步中体会成功的喜悦，那才是对他真正的帮助，我才算是他真正的朋友。

许许多多像小龙一样的孩子其实都不是笨孩子，而是一群潜在能力未被开发、未被发现，很容易被忽略、被冷落的孩子。这些学生的智商都很正常，他们渴望得到老师的重视和关心，哪怕只是一句简单的表扬、一个关切的眼神，有时也会给他们带来很大的影响，起到意想不到的作用。每个学生都有获得成功的愿望和要求，他们也不例外，他们比其他学生对成功的渴望更强烈，只有让他们尝到成功的快感，才能使他们有争取新成功的动力。在教育教学中，教师要为他们创设成功的机会，适当地为他们着想，有意识地为他们创造一些机会，这些对教师来说"易如反掌"的事情，能让学生体会到教师在注意他、重视他，能使他通过自己的努力一步步走向成功。

"天生我材必有用"、"人无完人"这些话应运用到实际教育教学之中，不要让它们成为一句空话，教师要让阳光普照到每一棵小苗上，让每棵小苗都能健康地成长，即使这棵小苗是弱的，即使这棵小苗生长在贫瘠的土地上。

（由上海市凤城新村小学施慧珍老师撰写）

4. 关注事件的分析阐释

毫无疑问，教育叙事的写作以叙述为主，否则，便不能称之为教育叙事。但是，对所叙之"事"进行分析与解释，在很多情况下是必不可少的。从研究成果的表达形式来看，教育叙事报告既有对故事细致入微的描述，又有洞悉教育事件的深刻阐释；既要把日常的教育现象详尽地展现在读者面前，为读者创设一种身临其境的感觉，又要解析隐藏在教育现象背后的教育本质，使平凡的教育故事蕴藏不平凡的教育智慧。案例8-2在这方面作了有益的尝试。与教育日志一样，教育叙事是教师用自己的语言记叙身边的事情，虽然它没有抽象的概念、专业化的词语，似乎显得"理论性不强"，但正是在鲜活的语言和生动的事例中，教师在自我成长和发展着。而这也正是我们所期待的！

第九章　教育案例：研究成果表达形式之四

　　"案例"，这个前几年在中小学教育中还不太为人所熟知的词语，最近已成为广大教师的"通用语言"。如果说近来教师研究及教师教育领域中有什么新的动向的话，那么，案例研究与开发可以说是其中突出的表现。案例正在越来越密切地与教师教育研究结为一体，在教师的职业生涯中，扮演着越来越重要的角色。

一、案例的运用范围

　　其实，案例在一定意义上讲并不是一个时新的事物，对案例的关注也并不仅限于教育领域，甚至教育领域对案例的研究远迟于其他相关的一些领域。

　　之所以说案例不是一个新鲜事物，是因为案例所反映的教育事实、揭示的教育中的种种问题、列举的形形色色的教育事例，并不是今天才出现的，有些是在以前若干年就存在着的，只不过没有用"案例"的字眼来表述，没有用"案例"的形式来表达而已。案例存在于教育事实之中，隐藏于教育现象的背后，只要存在教育现象，并且这种现象中存在一定的问题，也就存在案例的素材。既然案例早已存在，那么，今天再提出案例是否就没有什么意义了呢？在这个问题上，重要的是要认识到存在事实与在观念形态上揭示这种事实，并不是同一回事情。将以往案例的事实与现象做"概念化"处理的时候，实际上也是在思维上进一步彰显其独特意义和作用的时候。

之所以说对案例的关注与研究并不仅限于教育领域，是因为案例的收集与开发在法学界、医学界和工商管理学界早已成为惯例，在这些领域中，案例已成为专业人员发展的不可或缺的中介。一般而言，案例在医学界使用最早，后来随着社会对法律、法规的强调被引入法学界，现在在法学界存在的大陆法系与英美法系的最大的区别之一，就在于后者常常是以案例来立法的。案例引入工商管理学界是20世纪初的事情，其中，哈佛工商学院扮演着重要的角色。培养工商管理硕士是哈佛工商学院的主要目标，当时该学院的管理者及教师意识到，一味地讲授各种各样的管理理论，并不为学生所接纳，学生也缺乏相应的兴趣，掌握的相关理论也甚不牢固。相反，一旦请当地的工商管理人士走进课堂，向学生现身说法，展示自己在管理中遇到的种种问题及思考或实践的解决问题的种种对策时，学生兴趣盎然，印象深刻。1921年，律师出身的校长多汉姆在注意到案例在管理情境中运用的重要性和可能性的前提下，推动全校教师写作并使用案例进行教学。到今天为止，运用案例进行教学在工商管理学界最为彻底，案例经典的写作方式及对案例本身的研究也主要来自工商管理学界。

在教育界中教师写作案例，并将案例运用于教师培训，在西方是20世纪70年代的事情。当时，有感于教育理论与教育实践之间存在的鸿沟现象，有感于抽象的教育理论与丰富的教育实践之间的巨大差异，不少理论工作者鼓噪教师要成为研究者，教师要能够把行动和研究紧密地结合在一起。在这种情境中，教师如何去从事研究，用什么样的方式来展示自身的研究就成了一个问题。显然，长篇大论的理论探讨并非教师所长，而生动的、鲜活的事例又是教师宝贵的资源，认识到这一点，以发生在教师身边的事件为研究对象的案例就逐渐进入了研究者以及教师的视野。另一方面，在教师培训领域，西方教育界也遇到了一些矛盾，一个突出的问题就是培训效率低下，不能适应教师的实际需求，不能真正培养起教师实际解决问题的能力，并且教师培训的教学场景与实际的工作场景之间差异悬殊，在培训中所教的东西不能真正运用到实际的课堂当中去。处此情境之中，一些研究者转思其他领域，比如，培养医生不能简单地让他们去记诵理论化了的条文，还需要亲身去分析、收集各式各样的病例；培养律师既要让他们熟悉相关的法典，但同样重要的是要能够分析、收集各种典型性的案件；而培养工商管理硕士的成功经验，更是说明案例分析的重要与珍贵；由此案例也就逐渐纳入教育工作者的视野，成为教师培训中重要的工具和手段。

二、案例的含义

虽然案例已较为广泛地被不同领域所关注，并且其存在也有了一段相当长的历史，但对于何谓案例、衡量案例的标准等，远未达成一致的认识，即使在案例已成为"家常便饭"的工商管理学界，也是公婆各说、莫衷一是的。

汇总相关的研究，在案例的理解上，有这样几个方面大致是为人们所认可的：

案例是事件，是对一个实际情境的描述。案例讲述的应该是一个一个的故事，叙述的是故事产生、发展的历程，是对事物或现象的动态性的把握。

案例是含有问题或疑难情境在内的事件。事件只是案例的必要条件，而不是充足条件，换句话说，事件还只是案例的基本素材，并不是说所有的事件都可成为案例，能够称之为案例的事件，必须包含问题在内，并且也可能包含解决这些问题的方法。

案例是典型性的事件。除了"问题或疑难情境"这样一个基本要素，作为案例的事件还需具有一定的典型性，要能够从这个事件的解决当中说明、诠释类似事件，要能够给读者带来这样或那样的启示、体会。

案例是真实发生的事件。虽然案例展示的是一个饶有趣味的故事，要与故事一样生动有趣，但案例与故事也有一个根本性的区别，那就是故事是可以杜撰的，而案例是不能杜撰的，它所反映的是真实发生的事件，是事件的真实再现。

概括而言，案例是含有问题或疑难情境在内的真实发生的典型性事件。这一概括性的论述，应该说总体反映了案例的形貌。从这一概述中，可以看到，对事物的静态的缺乏过程把握的描述不能称之为案例，信手拈来的没有问题或疑难情境在内的事件也不能称之为案例，没有客观真实为基础、缺乏典型意义的事件也不能称之为真正的案例。

确切地理解案例的含义，是开发案例、从事案例研究的基本前提。如果将案例的含义无限扩大化，混淆案例与非案例的界限，案例作为一种独到的研究成果的表现方式，其地位和作用也就大打折扣了。

认识了案例的基本含义，还需进一步明了一个好案例的标准，以便为案例的开发提供可资衡量、评判的基本的参照框架。

什么样的案例才是一个适宜的、好的案例？美国的一些学者通过调查，提出了一个好案例的下列标准：

一个好的案例应讲述一个故事。像所有好故事的标准一样，一个好的案例必须有有趣的情节。要能把事件发生的时间、地点、人物等按一定结构展示出来，当然，其中对事件的叙述和评点也是必要的组成部分。

一个好的案例要把注意力集中在一个中心论题上，要突出一个主题，如果是多个主题的话，叙述就会显得杂乱无章，难以把握住事件发生的主线。

一个好的案例描述的是现实生活场景，应该反映的是近五年发生的事情，因为这样的案例读者更愿意接触。

一个好的案例可以使读者有身临其境的感觉，对案例所涉及的人产生移情作用。

一个好的案例应包括从案例反映的对象那里引述的材料。例如，反映某个学校或某个班级的案例，可引述一些口头或书面的、正式或非正式的材料，以增强案例的真实感。

一个好的案例需要对面临的疑难问题提出解决方法。

一个好的案例需要有对已经作出的解决问题决策的评价。也就是说，一个好的案例不仅要提供问题及问题解决的方法，而且也有对这种解决问题方法的评价，以便为新的决策提供参照点。

一个好的案例要有一个从开始到结束的完整情节，要包括一些戏剧性的冲突。

一个好的案例的叙述要具体、特殊，也就是案例不应是对事物大体如何的笼统描述，也不应是对事物所具有的总体特征所作的抽象化的、概括化的说明。

一个好的案例要把事件置于一个时空框架之中，也就是要说明事件发生的时间、地点等。

　　一个好的案例要能反映教师工作的复杂性，揭示出人物的内心世界，如态度、动机、需要等。

三、案例的撰写

　　案例的写作几乎没有一个统一的格式，即使是哈佛商学院，也认为没有一个为人人所遵循的模式化的"写法"。但从案例所包含的内容来说，一个相对完整的案例大致会涉及以下几方面的内容：

　　标题。案例总是有标题的，总是要借助标题反映事件的主题或形貌。有些教师不给案例定标题，或者标题就叫"案例"，这就使标题要发挥的提供信息、反映主题的重要作用淡化甚至消失殆尽了。一般地说，案例有两种确定标题的方式：一是用事件定标题，即用案例中的突出事件作为标题，如反映课堂教学事件的"哄堂大笑以后"，反映与学生交往行为的"闷葫芦会讲话了"等；二是用主题定标题，把事件中包含的主题析离出来，作为案例的标题，如反映课堂教学过程中教师受学生启发的"学生给了我启示"，反映教师引导学生行为转变的"化解学生对学校生活的恐惧"等。两种定标题的方式都是允许的，也各有千秋，前者展示的事件，吸引读者进一步了解相关的信息；后者反映的主题，能使读者把握事件要说明的是什么。

　　引言。引言也可以说是开场白，一般有一两段话就可以了。主要描述一下事件的大致场景，隐晦地反映事件可能涉及的主题。在案例中之所以有"引言"，一来是有些案例篇幅较长，事件以及主题都需详尽阅读和分析后才能把握，引言可以使读者对案例的事件和主题大致有些了解；二来是案例的叙述相对较为详细，引言可以起一个"先行组织者"的作用，使读者有一种阅读上的"心理准备"。

　　背景。案例中的事件是发生在一定的时空框架之中的，是依托一定的背景的。在案例的叙述中，对背景的交代之所以重要，是因为对案例中问题解决方法得当与否的分析、评判离不开背景，是因为完整地把握事件的原委离不开背景。背景的叙述可分为两个组成部分——间接背景和直接背景。所谓间接背景是与事件相关，但关联程度并不直接的背景；所谓直接背景是直接导引事件发生，与事件联系至为密切的背景。一些教师善于描述事件，但常有意无意地忽略背景的描述，因为他们注意的焦点主要在问题的发生与解决上。实际上，背景的描述同样也是极为重要的，不同背景解决问题的方式与方法可能会有很大差异，并且案例写就以后，读者在分析案例时，也需要参照背景对解决问题的方法作出评论。在直接背景与间接背景的描述上，一般间接背景在前，略写；而直接背景在后，详写。

比如，一位老师以"一个语文老师与学生的故事"为题，就是用下列引言和背景描述事件发生的。

案例 9-1

偶然的原因，我成了 117 班的语文老师，开始了我与他们之间的故事。【引言】

117 班是从其他班级分出来的。学校原先有个商业文秘的混合班级，学生人数实在太多，老师站在讲台上看坐在最后的学生，提起脚跟也看不清。班级之吵闹，令上课老师纷纷寻找理由退却。于是，出于管理的需要，学校将这个班级一分为二，这新多出来的班级，再逐一配备各学科老师，我并不了解这个班级的状况，领导出面做工作，我就允诺了。当然这有些轻率的允诺背后，也有几分骄傲自大的因素，以为自己的能力还可以，教任何班级问题都不大。我曾经教过全校闻名的"霸王班"，工作也小有业绩，并与学生结下了深厚友谊。这个 117 班难道比那个班还难教？所以，上任的速度很快。此后，我才逐渐了解到，学校是在找了好几个语文教师均遭拒绝的情形下，才找到我的，我的允诺让领导大感轻松，而我却陷入了从未有过的困惑之中。【背景】

在这个案例的引言和背景部分，作者用的笔墨并不多，但给读者提供了了解故事内容的框架性认识。阅读这一部分之后，读者可以知道故事涉及的人物是"我"与"117 班的学生"，而"117 班"是因为管理的需要，从其他班级中分出来的。出于对自己的信心，"我"在并不十分了解这个班级的情况下，接手了该班的语文教学任务。后来"我"了解到好几个语文教师曾拒绝教这个班，"我"轻率的允诺给自己带来了从未有过的困惑。所有这些背景信息，都对我们形成对问题的产生原因和解决方法的认识等产生重要影响。

问题。案例区别于一般事例的最大特点就在于有明确的问题意识，是围绕问题来展开的。在论述中，需要讲明问题是如何发生的、问题是什么、问题产生的原因有哪些。这部分内容主要是展示问题。在案例撰写的初期阶段，可以较为鲜明地提出问题，让读者直接获得有关问题发生的各种信息；而随着案例撰写的深入，则需要逐渐将问题与其他事实材料交织在一起，通过读者的分析再确定问题的所在。尤其是用于教师培训的案例，要能够给被培训教师一种问题的现场感，就更需要错综复杂情景的真实再现。

上述案例对问题作了描述，如下：

案例 9-2

第一次上课，我给学生讲了两个故事：其一是两个著名日本武士的故事——"留一只眼睛给自己"，想告诉学生学会反思比简单刻苦更重要。其二是外国教育家的故事，想告诉学生，自由掌握在每一个人手中。并抛给学生一个问题："你们希望老师我怎么对待你们？是亲切的笑脸，还是一脸的严肃?"可在我讲完之后，学生没有想象中的安静，或者热烈地讨论，似乎我什么也没说，他们该怎么样，还是怎么样。我从学生的反应中知道，这个班级不太好教。心里顿时蒙上一层阴影：以后的教学不会太顺利。

苦恼中的我一直在琢磨，到底是什么原因造成了这个班级的现状呢？同时，在繁重的教学之余跟学生聊天（是聊天而不是训斥），终于了解到班级的一些特殊情况。

这个案例通过对一些事件的描述，揭示出案例当中的问题是"学生并不欢迎我这个老师"，对教师充满戒备和排斥心理。在认识到这个问题的基础上，"我"通过各种方式进一步了解问题产生的原因，弄清问题的症结，思考自己解决问题的方法。

问题的解决。问题发现以后，解决问题就成了重要的一环。这部分内容需要详尽地描述，要展现问题解决的过程、步骤，以及问题解决中出现的反复、挫折，也会涉及问题解决有了初步成效的描述。这部分内容在一定程度上，是整个案例的主体，切忌把问题解决简单化、表面化。案例这种文体之所以与其他文体不同，一个突出的特点就在于它对事实记叙的详细、对问题解决过程的细致描述。当然，在教育教学中也会遇到一些尚未解决的问题，把这样的问题形成案例时，虽然真实的解决问题的过程还未出现，但可以把解决问题的种种设想和打算罗列出来，以供读者参考、评论。

上述案例是这样描述问题解决过程的：

案例9-3

117班的问题很严重，解决它已是迫在眉睫的事。经过再三思考和比较，我决定还是坚持原来的原则，对学生采取温和的态度，继续与他们对话，使他们能清楚地知道自己目前的状况，能够意识到自己的错误认知不仅会影响升学，而且也会影响以后踏上社会后的工作与生活。对于这些"固守己见"的大孩子，不能直接讲道理讲得太多，学生在没有接受我这个人之前，很难接受我的观点。我必须从感情上入手，首先让他们在感情上接受我这个老师，然后再试图让他们接受我的教育理念和观点，最后主动接受我所教学科的知识。这或许是行之有效的策略。

"我"通过与学生建立良好感情的方法，经过艰苦的努力，使学生逐渐认可了"我"这个教师，问题在一定程度上得到了解决。不但叙述问题解决的全过程，而且介绍问题解决所产生的成效。

反思与讨论。在工商管理的案例中，大多没有反思与讨论这部分内容，常常是在案例后面所列出的思考题中，反映出案例作者自身的一些想法与思考。而教育教学的案例，不像工商管理案例那样是由专业研究者写就的，而是由工作、生活在教育教学第一线的教师自己完成的，撰写案例的过程，也就是对自己解决问题的心路历程进行再分析的过程，同时也是梳理自己相关经验和教训的过程。因而，系统地反思自身的教育教学行为，对于提升教育智慧、形成自己解决教育教学问题的独特艺术等都至关重要。反思与讨论主要涉及的问题有：问题解决中有哪些利弊得失？问题解决中还将发生或存在哪些新的问题？在以后的教育教学中，如何进一步解决这些新的问题？问题解决中有哪些体会、启示？等等。

上述案例中的老师，就是从多个角度来反思问题解决全过程的。其中有这样一段文字：

案例 9-4

首先，就个人而言，我是第一次担任高三年级的科任老师，思想与经验的准备皆不够充分，不管怎么设想高三学生的情况，还是有点猝不及防。教优秀的班级自然障碍少许多，教松散的班级确实有一定的难度。高一、高二的学生毕竟好教，尤其是从一年级就开始教，学生从一开始就认可了你，自然一切都较为顺手。到高三去接任一个完全陌生的班级，接触完全陌生的学生，自然很难。学生对你会比较冷漠和挑剔，会同他们先前的老师相比，排斥和拒绝也在情理之中。毕竟，职高生的认识水平与判断能力有一定的局限，与同龄的普高生还是有差距的。另外，由于升学的压力，自己的情绪也有一点紧张，势必影响到师生的相处。

我一直以为自己对教育学、心理学以及学生的心理有一定的研究，以前工作一直比较顺利，周围的领导和同事对自己的评价一直较高，自己就有点满足，有些大意，对困难的准备不够。没想到迎面碰上高三年级的刺儿头班，就是软硬不吃，让我无从着手。再三碰壁之后，只好回到教育的起点，从人开始，从认识学生，与学生交朋友做起。教育工作真是半点偷懒不得，半点省略不来。我的大意，让自己无端地兜了一个圈子，浪费了一些宝贵的时间。与人打交道的学问，真是永无止境，教到老，学到老。

（以上四个案例由浙江省杭州市顾连梅老师撰写）

反思与讨论并不见得要面面俱到，选择重要的方面或印象深刻的方面加以思考就可以了。

附录。并不是每个案例都有"附录"部分，是否安排"附录"，要视案例的具体情形而定。"附录"中的内容，是对正文中的主题有补充说明作用的材料，若放在正文中，会因篇幅过长等问题影响正文的叙述。例如，在以课堂教学改革为主题的案例中，可选取一节典型的课堂教学设计或者选取某位学生的作业置于文后作为附录。

上述案例包含的内容不是案例的形式结构，也就是说，不见得每篇案例各组成部分的题目都按上述几部分确定（当然，也并不排除这种排列方式），只要在案例相关内容的叙述上，考虑到以上几方面并按照一定的逻辑结构加以组合就可以了。

四、案例的作用

每一位教师在其教育教学生涯中，都会遇到这样或那样的事件，你可能会面对一些学习困难的学生，也可能会面对一些学业成绩优良的学生；你的学生中，有些人某门或某些课程较好，而其他学科却显得薄弱，有的人认知与情感发展不均衡；你也会在课内外教学组织中遇到这样或那样的一些难题；在与同事和学校管理者交往中有时会应对自如，有时也难免会束手无策。诸如此类的事件，实际上都可以经过一定的思维加工，以案例的形式体现出来，成为大家共同探讨的对象。可以说，案例性事件在你的教学生涯中是层出不穷的，从你清晨跨进校门起到傍晚离开学校，都会有一些值得你回味的事例。

这些事件或事例，就完全可以以案例的形式表现出来，教师把事例转变为案例的过程，也就是一个重新认识这个事例、整理自己思维的过程。具体来说，写作案例对教师有以下益处：

其一，案例写作为教师提供了一个记录自己教育教学经历的机会。

教师在日常教育教学中遇到的一些事例，通过案例写作的形式再现出来，实际上也就是对其职业生涯中一些困惑、喜悦、问题等的记录和摹写。如果我们说每个教师展示其自身生命价值的主要所在，是在课堂上、在学校里、在与学生的交往中的话，那么，案例在一定程度上就是教师生命之光的记载。在案例中，有教师的情感，同时也蕴涵着教师无限的生命力。记录、记载本身也承载着深深的历史感，每一时期、每一阶段处理事件的案例，在很大程度上可以折射出教育历程的演变、变化，它一方面可以作为个人发展史的反映，另一方面也可以作为社会大背景下教育的变革历程。

其二，案例写作可以促使教师更为深刻地认识到自己工作中的重点和难点。

能够成为案例的事实，往往是教师工作中难以化解的难题，教师自己在对教学经历的梳理过程中，头脑中印象深刻的常常是那些自己感到困惑不解的事实材料。这样一个梳理过程，会强化教师对自己教学能力的认识，让教师把注意力集中在一些根本性问题上，同时也帮助教师认识他在处理这些问题上所具有的学识以及还有哪些不足之处。如果教师关于案例的写作形成一种习惯，那么随着案例材料的增多，就会逐渐发现自身工作中的难点到底在哪里，以后努力的方向应该是什么。

其三，案例写作可以促进教师对自身行为的反思，提升教学工作的专业化水平。

许多教师只有在期末或年终学校评价自己的工作时，才会系统地反思自己的教育教学行为，关于自己教学工作中的"是什么"、"为什么"、"如何做"等问题极少有意识地加以探讨。而案例写作，在很大程度上可以扭转这种现象。它虽然不与教师职位的升迁相关联，但它通过促使教师反思自己工作中的某些方面，可以发现某些问题域，并进而澄清有关问题。这实际上可以极大地促进其专业发展，促使其向专业化水平迈进。如果能够将案例写作渗透在教学过程的始终，而不只是将其作为一时冲动或岁末特有的行为，也就把反思当成常规工作了。

其四，案例写作为教师之间分享经验、加强沟通提供了一种有效的方式。

教师工作主要体现为一种个体化劳动过程，平时相互之间的交流相对较少，案例写作是以书面形式反映某位或某些教师的教育教学经历，它可以使其他教师有效地了解同事的思想行为，使个人的经验成为大家共享的经验。通过案例，教师知道自己的同事在想些什么，做些什么，面临的问题又是什么，提出的相应对策有哪些。在这种情况下，他也会思考，假如他面临同样或类似的问题该如何处理；在他的教学经历中，是否有同样的或类似的经历，能否进一步形成案例，等等。这种做法，可以形成一种新的教师文化。大家通过个人分析、小组讨论等，认识到自己所从事工作的复杂性，以及所面临问题的多样性和歧义性，并且可以把自己原有的缄默的知识提升出来，把自己那些只可意会不可言传或不证自明的知识、价值、态度等，通过讨论和批判性分析提升到意识阈当中来。

第十章 教学课例：研究成果表达形式之五

前面我们介绍了教育日志、教育叙事、教育反思、教育案例四种研究方式与成果表达形式，这些形式以不同的方式和文体反映着教师在实践中的思考和研究，分别用某一特定因素凝聚研究活动和研究成果。实际上，在研究中，除上述四者外，教师还常常综合地使用以上方式，将多个不同的方面汇总在一起，全方位、多侧面地体现研究成果，教学课例就是其中之一。

一、教学课例的含义

对教学课例，有着不少近似的提法，如教例，也存在着不少不同的认识，如有人将教学课例等同于教学实录或课堂实录。对于这些提法和认识，至少需要形成下列基本判断：如果教例是教学课例的简称，两者是可以通用的，但如果将教例看作是德育上的案例或例证的话，两者则不宜混用；教学实录或课堂实录虽然也是研究的一种方式，但如果仅限于实录本身，没有相应的反思行为，也就不能充分反映该教学所具有的典型性，缺乏"例证"的价值，降低研究本身的功用，称之为教学课例也就不恰当了。

教学课例与教学案例也是容易混淆的两个概念，两者的区别在于案例自始至终是围绕特定的问题展开的，是以问题的发现、分析、解决、讨论为线索的，而课例展现的是某节课或某些课的教学实际场景，虽然其中也包含问题，但问题可能是多元的，没有明确的问题指向，并且实际情境的叙述、师生对话的描述等常是列举式的，没有像案例那样经过细致加工。两者在文体的结构上也有一定的区别，案例的表达形式一般表现为背景＋问题＋问题解决＋反思讨论，课例的表达形式一般表现为教学设计＋教学实录＋教学反思。

二、教学课例的形式

从设计到反思，是教师研究运行的基本过程，涉及教师研究的基本环节，在实际操作中，有着形形色色不同的变式。下面的变式只是其中几种：

1. 教学设计总体思路＋教学情境细致描述＋专题教学反思

这种形式在介绍教学设计意图的基础上，对教学过程中的详尽场景加以叙述，再现课堂教学全过程，使读者有身临其境之感，并且就教学中发现的某一问题进行专门思考和讨论。

案例 10-1

【教学设计】

尊重生命，体现人性，构建充满生命活力的课堂，这是新一轮课程改革大力倡导的教学理念。《新课程标准》指出：教学是不断生成的。在课堂教学中，师生互动，生生互动，在活的生命体的相互碰撞中不断生成新的教学资源、教学内容、教学程序，乃至新的教学目标。而要做到这一点，教师必须能够从外界众多的信息源中，发现自己所需要的、有价值的问题，具备捕捉信息的能力是非常重要的。那么，教师怎样以开放的视野和灵活的思维，捕捉到需要的信息，以推进课堂实现教学目标？《与时间赛跑》的教学就是力图做到这一点。

【教学情境】

师：今天老师想给大家推荐一篇散文——《与时间赛跑》。这是台湾的著名作家林清玄写的。有人说，他的散文总是发出淡淡的清香，像一杯茶。现在，一杯散发着清香的茶就放在大家面前，让我们用心去读课文，用你们喜欢的方法，去品味其中的味道。

（学生静静地读书）

师：你品出了什么味道？还可以说说你是从哪些事情、哪些语句中体味出来的。

生：林清玄告诉我们要珍惜时间。

师：你能很快地读出最精髓的东西，我真佩服你。

生：我知道了时间一去不复返。

生：我读了以后，心情总在变化。有时难受，有时开心。

师：你说你的心情产生了变化？看来，你是在用自己的心品味。其他同学能不能像她一样，用心地品读，看看能不能成为林清玄的知音，心情跟着发生变化。

（学生又一次静静地读书）

【教学反思】

我在设计这节课时，力求从关注生命的高度，把课堂教学看成是变化的、动态的、生成的、师生共同成长的生命历程。预设时用了板块式的弹性方案。第一块：你品出了什么？主要引导学生关注并体会作者的心情变化。第二块：你还有什么不明白的？主要指导重、难点句段的学习。第三块：你有什么收获？主要侧重于理解文章内含着的道理。并将根据教与学中的实际需求，随时作出富有创意的调整，允许与预设不一致甚至相矛盾的意外情况发生。

而在实际的课堂中，因为依据学生学习中的实际情况，对文本进行重组、整合，对教学进行及时调整，整个教学进程可能不算完美，但生机勃勃，鲜活多彩。特别是在"捕捉教学信息"方面，颇有收获。如学习伊始，老师让学生用喜欢的方式用心去读课文，交流自己品味的种种滋味。学生有的说明白了要珍惜时间的道理，有的说知道了人可以跑赢时间，有的说心里有时难受有时高兴……这些生成信息既在意料之中，又在意料之外。学生的种种生成因素都是课堂教学中的动态资源，如果引导学生逐个品味的话，势必影响这节课预期的深度和广度。而且这些信息本身存在着重要与次要、有用与无用之分，这就需要我们通过比较、判断、鉴别，选择出有价值的信息作为教学资源。因为预设时第一块是主要引导学生关注并体会作者的心情变化，这时，当然就捕捉到了一个学生讲的关于"心情"这一信息，以"用心地品读，看看能不能成为林清玄的知音，心情跟着发生变化"这一问题来推进教学，让学生再读课文，然后围绕这个问题去探究。由于选准了活动的切入点，学生们在课堂上能全身心地投入活动之中，那一句句发自肺腑的语言，令人动容。一般来说，只要教师认真钻研教材，把"精心预设"看作是课程实施的一个起点，一定会水到渠成地自然生成一些有用的资源。

（由浙江省东阳市外国语小学包莉莎老师撰写）

上述课例的教学设计，教师没有详尽地介绍教学目标的确定、方法的选择、内容的组织等，而是分析了新课程改革的新理念，思考了这种理念转变为教师素质的基本要求。这在一定程度上保证了教师摆脱重复机械的教学行为，为课堂教学行为的改变提供了方向。对课堂教学中的师生互动情境，案例作了事无巨细的介绍，让没有到现场听课的读者也能有真切的了解，明了课堂上发生了什么，教师是如何处理课堂上的一系列事件的。所有这些描述为教师有针对性地进行反思活动提供了素材和保障。由于在教学设计环节，教师仅仅是从教学出发点的角度谈了一些整体性、概括性的想法，没有细致分析教学的具体步骤，因而在教学反思中，教师一方面对教学设计环节作总体说明，另一方面将具体的教学设计与实际教学进程的差距作为反思对象，分析自己在课堂上是如何捕捉、利用随机出现的信息促成课堂的动态生成的。这种反思是以具体问题作为切入口的，可以称得上是"小题大做"，但也正是这种"小题大做"彰显了反思的质量，提高了反思水平，使反思带有更强的"研究"意味。

2. 教学设计说明 + 提炼后的教学场景 + 总体教学反思

这种形式首先对教学设计作简要说明，然后对教学过程中产生的实际素材进行加工，呈现出教学的总体进程，最后再对教学作总体性的反思。

案例 10-2

【教学设计】

人教版第四册《数学》教材中有一内容"找规律"。按相关教学要求，这项内容的教学要注意联系生活实际，激发学生学习的兴趣，为学生提供积极思考与合作交流的空间。例如，在生活中，家庭和一些公共场所如商场、宾馆的室内装修的画面，装饰所用的瓷砖都是有规律排列的，注意让学生通过操作、观察、猜测等活动去发现规律。然后再引导学生积极思考，独立设计出有规律的图案，进行小组合作交流。

【教学实录】

1. 欣赏规律

师：今年小明和小东家都在城里买了一套新房，都装修得很漂亮，星期天小明请小东到他家去玩，来到小明的房间（显示小明的房间图）。

小明：我的房间布置得漂亮吗？你能看出有什么规律吗？

小东：你的房间布置得不错，你也到我家去看看啊。（显示墙面图）

小明：怎么看上去乱糟糟的，一点规律也没有啊？

小东：这些图形的排列可是有一定的规律哦！同学们能找出它们的规律吗？

（先独立思考 1 分钟，再小组合作讨论）

2. 探索规律（合作交流）

请同学们在 ABCD 中任选一个位置来观察墙面上的图形，在小组中发表自己的观察结果，再推选一位同学向全班汇报。

3. 拓展规律

师：小东的妈妈听说小东的同学来了，很热情，把小明请到客厅，拿出许多水果来招待小客人。同学们想一想他妈妈会怎么放？为什么？

4. 创造规律

（1）师：从刚才同学们的回答中，老师发现我们班的小朋友都很善于观察，善于发现，下面我们就用小白纸和各种贴片画，自己设计一块有循环规律的漂亮的小手帕，好吗？待会儿老师还要挑选几幅，在展示台上展示同学们的美妙作品哦！

（2）师：请×××上来展示、讲解自己的作品！（效果：学生创作出了许多美丽、富有多种规律的手帕）

（3）师：请同学们相互欣赏对方的作品。

【教学反思】

学生的创新意识和实践能力不是一天两天能形成的，而是在长期的学习和生活中逐步形成的。在这节课中，第一步是情境导入，通过展示这个墙壁，学生被这些生动、形象的图形所吸引，使学生的参与性很快得到提高。

第二步就是让学生讨论这个墙壁的规律。在这一环节中，学生的思维得到解放，表现出强烈的主动说的需求，改变了长期以来的教学的被动，强调了强烈的主体意识，对于同学提出的观点他们敢于去反驳、敢于去纠正。在交流互动中，学生所表达的语言不断地在被纠正、完善，一开始学生说："圆形从第一个到了第四个，菱形从第二个到了第一个，三角形从第三个到了第二个，五角形从第四个到了第三个。"因为这些话语太复杂，一部分学生不能很好地理解，这时又有学生说："把第一个图形移到了最后一个。""其他图形向前走了一个。""其他图形的顺序是不变的。"……通过学生相互补充和说明，使表达整个规律的语言最后得到了精练又严密的概括。在这样的辨析过程中，学生的思维能力得到加强，语言能力得到提高。通过学生自己探索得到的规律来解决一些实际问题，使学生进一步理解和掌握了这个规律，体会到数学的多样性和有序性。

第三步是让学生去动手操作创作规律。在这一环节中，学生的创新能力得到培养与提高。学生根据学过和生活中的规律，加上自己的想象和思维摆出了一块块美丽的图案。通过互相欣赏手帕，学生提高了审美能力，陶冶了情操；既对新知识进行了运用，也使学生在动手操作中得到了成功的体验，加强了自信心。

（由浙江省东阳市外国语小学葛杭美老师撰写）

上述课例中教学设计仍然没有涉及具体内容，只是概略地说明了这节课教学的总体要求，介绍了教学设计的总体意图。它没有像第一个案例那样分析教学应该秉承的理念，而是更多地把注意力集中在了具体的内容和要求上。作者对教学实际场景作了提炼和加工，把教学中实际积累的素材经过分析后，分解为三个不同的教学步骤，并用这些步骤来统辖相关的一系列具体内容，使教学摆脱了零散的甚至是杂乱的信息场景，呈现出一定的脉络和线索。作者的反思也是依据教学的诸环节进行的，思考的是每一教学环节中学生的行为以及教师所作出的相应的指导，是通过对教学进程的重新梳理来探讨教学中的师生互动问题的。

3. 教学设计 + 教学片段 + 教学反思

这种形式与前两者最大的区别在于，是在教学实录中截取一些有代表性的片段，在呈现这些片段的基础上，着重对其中蕴涵的问题进行反思。它既不同于第一种形式原汁原味地再现教学整个过程和场景，也不同于第二种形式对实录素材作剔弊理纷的处理，是择其要者展开分析。

案例 10－3

【教学设计】

本节课是关于平均数的探究性课型。要求学生通过学习初步建立平均数的基本思想（即移多补少的统计思想），理解平均数的概念；理解和掌握简单的求平均数的方法，能运用求平均数的方法解决一些实际问题，并从中体会到可以从多方面获得一些数学信息；进一步培养学生自主探究、合作学习的意识和能力。

【教学片段1】

出示信息：学校组织男、女两队参加数学竞赛，成绩如下表：
男队

姓名	金孝南	许杨俊	金瑞梁
分数	98	90	88

女队

姓名	陈胜男	赵丽佳	蒋　翔
分数	89	93	88

师：看了上述两张表，你想说点什么？（引发学生同文本的互动、生生之间的互动，研究学生的观察能生成什么）

生 1：数学竞赛成绩很好。此表中金孝南分数最高，金瑞梁和蒋翔分数最低，最高分和最低分相差 $98-88=10$ 分。

生 2：男生竞赛成绩比女生好。男生总分是 $98+90+88=276$ 分，女生总分是 $89+93+88=270$ 分。

师：唔，你发现了可以用总分来体现两队的水平。

生 3：我还有另外一种算总分的方法……

生 4：我的方法是计算他们的平均分，男生平均分是 $(98+90+88)÷3=92$ 分，女生平均分是 $(89+93+88)÷3=90$ 分。

师：你发现了可以用平均分来体现两队的平均水平。

生 5：我发现女生的总分和平均分都是整数。

生 6：男生比女生聪明，女生比男生笨。

生 7：这次数学竞赛的题目太难了。

生 8：我发现一对一比较就可以判断男生成绩比女生好。

生 9：表格里的人数只有三对三，无法判断全班男生成绩好还是女生成绩好。

生 10：我发现男生的平均成绩在 88 至 98 分之间，女生的平均成绩在 88 至 93 分之间……（数感很好，值得表扬和鼓励！）

师：从刚才提出的反馈信息中，找出存在问题的信息，并总结出值得探讨的问题。

学生小组归纳：

1. 总分。总数可以用来衡量平均水平吗？

2. 平均分。如何求平均数？平均数可以用来衡量平均水平吗？

【教学片段 2】（略）

【教学反思】

探究学习的过程可以以互动为基础，探究过程和结果中的反应就是生成。我们要让学生根据自己的体验并用自己的思维方式去重新组合信息，去发现和创造出相关的数学知识，而不是盲目接受和被动记忆课本或教师传授的知识，应主动运用已有的知识和经验进行自我探索、自我建构、自我生成。

在本节课中，课堂互动实际上不是非常有效，生成信息也并非一帆风顺，教师牵引较多，无效生成的信息还是很多，而这些在本案例中都没有全部反映。对我来说，在 40 分钟的课堂教学中，怎样系统地判断或提取即时生成的信息，是一个较难把握的问题，值得我和同行在今后的教学工作中不断地积累、反思、总结和交流。

（由浙江省东阳市外国语小学杜勇彪老师撰写）

上述课例最为突出的一个特点，就是既不详尽地叙述教学的全过程，也不对教学复杂场景进行提炼，而是选择其中的一些片段进行展示，在汇总教学片段各方面信息的基础上，就其中蕴涵的问题分析自己的感受和启示。这种形式大大缩短了课例的篇幅，内容集中，反思的针对性也较强，能更多地将注意力集中在一些突出的问题上。

三、教学课例的注意事项

以上三种课例，都是将课堂教学作为研究对象，运用几种不同的研究方式来透视课堂、探寻教学的。在这些课例中，有教学反思，有教学事件的描述，甚至有像案例那样对特定问题的把握，是将多种不同研究方式的目光聚焦在某一节课上。教师在运用教学课例进行研究时，一要注意选择的课要具有一定的代表性、典型性，能够说明一些问题，确实会给自己带来一些新的思考，能从中提升自己的教学智慧；二要注意较为详尽地介绍自己的教学设计（以上三个课例在这个方面都有不同程度的欠缺），要把新课程的相关理念转变为具体的教学方案，用新课程的理念指导自己的教学行为；三要注意运用录音、录像、委托他人现场记录等多种不同手段全面收集课堂上的各种信息，只有充分地占有这些信息，才能为自己提炼概括、选择教学片段等打下基础；四要注意对照教学设计意图反思课堂上的实际行为，分析教学实际进程与教学设计的差距，把课堂上存在的某个问题或某些问题作为深入思考的对象。

教学课例有着诸多不同的表现形式，文中列举的三种课例只是其中颇有代表性的，并不意味着教学课例只有这样三种表现形态。教师在研究中可以灵活运用。考虑到教学课例所具有的综合性特点，如果教师刚接触教学研究的话，不妨先从教学日志、教学叙事入手，然后再转入教学反思，最后将教学课例、教学案例作为主要的研究方式与成果表达形式。教学日志、教学叙事对事实材料的不断整理，对事件、历程的持续描述，会逐渐使教师对教学产生这样或那样的感悟，具有这样或那样的问题意识和解决问题的设想，教学反思也就顺理成章了；而经常化的教学反思，又会进一步强化教师的研究意识，增进教师透析实际问题的本领，提升教师从貌似没有问题的地方发现问题、从稍纵即逝的现象中捕捉问题的能力，因此教学课例与教学案例等的撰写也就有了基础。

在教育教学实践中，问题无定规，研究无定法，文章无定体，教师要根据具体情境加以选择和运用，有时甚至需要创造性地将几种不同研究方式综合起来解决面临的问题。我们提倡教师应具有教育智慧，其实，教师同样需要研究智慧，研究的本领增强了，教学的智慧也就逐渐生成了。如果我所撰写的"教师如何做研究"的系列文章，对老师们研究智慧的形成有所指导的话，目的也就达到了！

第十一章 教师从事研究的十条建议

上述各章已经对教师如何从事研究作了相对来说比较深入的分析，最后我想汇总相关材料，提出以下十条建议，作为上述各章的深化和提示，意在更好地指导教师的教育科研。

一、问对问题才是研究的开始

研究问题的确定，是教育科研极为重要的一个环节。爱因斯坦说过：提出一个问题比解决一个问题更重要。巴尔扎克也曾指出：打开一切科学研究大门的钥匙就是问题。管理学大师美国通用电气公司前总裁杰克·韦尔奇也这样评说：一个管理者要把自己当成全公司最愚蠢的人，积极探寻公司中存在的最关键问题，并且要求下属围绕这一问题付诸行动。科学家的论述、文学家的评说、管理学家的指点，都指向对问题的把握。在学校教育科研中，本来所有研究问题都应该是校本的，这是学校教育科研的题中应有之意，但今天这一不成其为问题的问题却成了问题，颇值得我们关注。

在今天的学校改革与发展中，其实我们恰恰不缺少问题，甚至是问题成堆、成灾的。无论从决策的角度看，还是从理论的角度看，留给学校的空间不是太小了，而是太大了。偌大的空间，隐含着无数的问题，蕴藏着无限的科研契机。在管理层面上，要落实教育行政部门的决策，将教育理念转化为实践，将教育计划转化为行动，将教育目标转化为学校的具体任务，每一环节都有各种各样的问题；在教学层面上，要将新课程理念转化为教学理念，将教学理念转化为教学行为，将教学行为转化为教学品质，将教学品质转化为教学智慧，每一步骤都存在各式各样的矛盾；在教育层面上，要走进学生的心理世界，体验学生的生存方式，把握学生的文化特征，吸纳学生的生活经验，每一方面都会提出与以往师生交往方式不同的新情况：所有这一切都可以经由一系列思维加工过程，形成教育科研问题。

来自身边的问题，与自己切身的体验相关，和自己已有的经验相联，是经由自己的眼睛发现的，是糅入自己的真情实感的。这些问题自产生起，就与教师个人的生活体验、职业成长经历联系在一起，在研究中，教师也就多了一份主动性、积极性，他会深切地感到，研究是与我个人的工作和实际生活紧紧结合在一起的，而不是为研究而研究的。当在研究过程中，教师切实感到问题来自自己，解决问题的过程就是自身教育教学水平不断提高的过程，解决问题的结果直接为教育教学服务的时候，研究中投入的精力就会增多，思维的灵动就会增强，研究达到预期目的的可能性就会加大。

研究问题的确定，倒是需要在一定程度上信奉英语中的一句谚语：small is beautiful，"小的就是美的"。这种"小即美"的选题思路，在当下学校教育科研中有积极意义。我们习惯于大，习惯于宽，习惯于泛，这样的研究虽然也解决了一定的问题，但不够深入，简单重复的现象较为突出。转变大就是美的思维定势，扭转宽泛才能成为课题的研究路向，在今天的学校教育科研中有着重要的意义。

二、发自内心的向往是研究持续开展的动力

学校教育科研近年来一个重要的发展趋向，就是研究对教师来说，越来越不再是外在于自己的行为，而是发自内心的向往和由内在精神激发的行为。这种变化的趋向正在变得日益显明。从外在到内发，既反映了学校教育科研自身的一种发展轨迹，也反映了教师专业发展的一种运行路径。20 世纪 80 年代之初，对教师提出教育科研的要求时，许多教师还是持拒斥态度的，因为教师长期以来就是"教书匠"的代名词，只要会教书，也

就完成了教师的基本职责，研究并没有真正与教师的日常生活结合在一起，当时，从事教育科研的教师还是少数。20世纪90年代，教师在外力的推动下逐渐走上了科研的道路，但这种行走的步伐是缓慢的，不少教师仍然受固有的教师生长模式制约，受制于自己的经验从事教育教学活动，再加上当时有一些国外教师不从事科研的说法，使得教师在科研与否上持怀疑态度。进入新世纪以后，随着素质教育的实施、新课程的推进，广大教师开始重新审视自己的职业生存方式，梳理身边存在的无以计数的问题，逐渐认识到科研是自己专业发展的重要途径甚至是唯一途径，在这种情况下，科研正在呈现出新的动力内在化的趋向。

这一变化趋向对学校教育科研来说具有重要意义。学校教育科研像任何科学研究一样，需要秉承存真求实的研究态度，需要扎扎实实地开展各项研究工作，需要锐意进取不断探索问题的真谛，而这个过程需要教师全情投入，没有内在的持久动力，要想在学校教育教学中经由研究有所得、有所获，是非常困难的。从事一项研究，当研究者有兴趣去做，并且能在做中进一步体会到研究的成就的时候，这项研究就很有可能会持续，也很有可能会有新的突破。这样的变化趋向对教师的专业发展来说也至关重要。教师深切地感受到自己发展的制约，意识到自己的专业成长面临的困境，体会到只有通过研究才能找寻发展的正确路径，才能实现自己专业发展的新跨越，这样，他们就会主动自觉地将研究与自己的工作结合起来，将研究真正作为自己专业发展的手段和桥梁。

对学校教育科研人员（包括教研员）来说，我们既是学校教育科研的实施人员，同时也是学校教育科研的引导者和咨询者。在工作过程中，需要探寻学校教育科研由外在转向内发的运作机制，可以在与教师的合作中，发现那些将科研加以内化的先进教师个体或群体，注意把他们的转化过程加以提炼，加工成为大家共享的经验。理论工作者在与实践工作者的合作探究中，也应注意甄别不同教师的不同研究状态，发掘教师科研动力内化后所产生的变化，将其放在理论的层面上加以抽象，在创造教育科研内在动力生成机制的同时，创造教师教育教学智慧产生的运作机制。一句话，把教师研究动力内化的过程进行外化，在外化的基础上进行优化，在优化的基础上进行固化，从而使教师研究动力内化成为可借鉴、可分享的经验。

三、专题化是研究走向深入的"法宝"

这里所说的专题化是指在一个相对较长的研究时期内，研究者专注于该研究课题，逐渐将该研究课题所包含的内容——展示出来，使所蕴涵的问题——得到破解或说明，从根本上转变一段时间一个课题、一段时间一个研究对象，对诸研究对象浅尝辄止的现象。

在以往的教育科研实践中，我们常会关注到这样一种现象：学校或教师围绕某一课题组织起来，在某一时间段内共同研究这一课题，而一旦课题"完成"，通过了课题鉴定验收，该课题组就改弦更张，回到先前的教育教学运行轨道上去；或者学校领导换届了，该校的研究课题也随之进行调整，原有的课题到此为止，重新确立课题作为研究对象，因为在新一任校长看来，即使原来的课题做得再成功，也是前任校长的功劳；或者教师个体或群体根据研究兴趣从事相关研究，但仅限于某一时段或片段的教育教学反思，教学叙事缺乏固定主题，教后感随意撰写，教学案例偶尔为之。凡此种种，反映的均是未将研究对象专题化，围绕该专题深入持久地进行探讨与分析。

当今教育教学中的疑难问题，没有哪一个是可以经过一次反思或研究就可以彻底解决的，在解决一个问题的同时，总是隐含着另外一些不易被察觉的问题，如果我们满足于"一次性"解决问题，就是把复杂的教育教学问题简单化了，非但不能解决问题，反而带来或衍生更大、更突出的问题。教育教学问题的一个突出特点是两难性，也就是进也难退也难，左右为难，恰恰是这样的问题最能考验教师的智慧，最能考量教师直面复杂教育教学场景的勇气。比如，新课程强调重过程、重体验、重探究，而在结果与过程、体验与共享、探究与综合之间，总存在这样或那样的差距，要解决这样的问题，不是哪一个人哪一次研究活动就能完成的，只有在持续不断的探索之中，才能稍有所悟，才能在前人思考的水平上推进一步。

在研究对象专题化的状态下，教师会将自己的研究兴趣与视野在相当长的一段时间内固着于某一对象，他或他们会借助于不同的方式探索这一问题，用不同的文体表达形式呈现自己在这一研究对象上的研究成果。他或他们持续不断的研究，会使他或他们成为该研究对象的行家里手，成为该领域的"专家型教师"。而各教师个体或群体对不同研究对象的思考与探究成果，又会相互贯通，形成新时期新的教育教学智慧。

四、不要忽视信息化研究手段

在信息化、数字化的今天，学校教育科研的研究手段越来越向信息化的方向发展，不仅是研究数据的分析整理越来越倚重信息技术，而且研究成果的展示以及研究活动的实施也越来越依赖信息技术手段来进行。

这种变化的产生是与信息技术在学校中的普及运用联系在一起的。当今中小学，信息技术已经广泛运用于实际的课堂教学，课堂教学与信息技术的整合成为教学改革的一个重要方面。同时，教师备课以及其他教学活动，也逐渐以信息技术为基本工具与手段，备课时资料的收集整理、对比分析，上课后的反思探究、经验积累，说课时的评析梳理、对话交流等，日益与信息技术手段结合在一起。这一切也自然影响到学校教育科研的实施，使学校教育科研的手段呈现出信息化的状态。

学校教育科研信息化的发展，产生的一个直接后果是网络教研的兴起。在几年之前，还很少出现的网络教研，在今天已经成为一种重要的研究形式。以前仅仅作为研究手段的信息技术，当今已经转变了以往的形态，从手段的位置一跃而升为研究自身的表现形式，手段与目的乃至事物本身越来越结为一体了。此种形态下的网络，已不再是研究的一种工具或手段，而成为研究的新载体和新形式。的确，网络教研产生后，给学校教育科研提供了更为广阔的空间，使广大教师参与教育科研成为一件可能的事。不论教师身处何方，都可以借助于网络记录自己的所思所想，并且将自己的思考与远在他方的同行或专家分享，随时得到所需要的帮助与指导。可以预期，随着信息技术水平的不断提高，随着教师对网络熟悉水平的不断提高，网络教研必将在更大范围和幅度上推广，成为教育科研的新范型。正如同有人所指出的，19 世纪是作家的时代，20 世纪是记者的时代，21 世纪是博客的时代，以博客为主要表现形式的网络教研在这种背景下的普及也就是一件完全可以理解的事情了。

在研究中，教师还应注意运用信息技术工具对各种研究素材进行整理，注意运用一系列软件工具对研究中取得的材料进行统计分析，注意将研究活动及时反映在网络载体中，要充分享受并利用信息技术的便利，在将信息技术当作研究不可或缺的工具的同时，将信息技术与学校教育科研的结合也当作研究对象，不断提升两者结合的程度与水平。

五、用个性化的话语表达研究成果

近来，中小学教师教育科研的一个显著变化，就是在教育科研中越来越倾向于用个性化的语言表达自己的研究成果，不再一味地用专业化的术语表述自己的研究体会或收获，不再一味地用理论化的语词作为研究的唯一话语方式，不再"用自己的嘴巴说别人的语言"，甚至不再追求将自己的科研成果上升为抽象的理论，从而可以供其他教师学习借鉴。

应该说，中小学教师的研究与专业研究者的研究是不同的。前者的研究主要在现场，是在教育教学场景中发现问题，在实际教育教学活动中经由持续不断的反思不断改进自己的实践活动；后者的研究主要在书斋，在一定程度上疏离实际情境，是通过对相关文字资料等的收集整理和思维加工，得出对教育教学中某一问题或某些问题的新认识和新见解。如果说前者属于实践研究的话，后者更多地归属于理论研究。前者研究的成效主要体现为问题的解决与实践行为的变革，后者研究的成效主要反映为论著等的出版或发表。两者的取向不同，研究实施的场景不同，研究的方式方法不同，研究过程也是大相径庭的，在这种情况下，出现不同的研究话语，呈现不同的研究成果形式也就在情理之中了。

研究话语的变化，背后隐含的是中小学教师对自身科研性质把握的不断深化，以及中小学教师对原有研究话语的不断突破和超越。当老师们认识到自己的研究与大学或其他专业研究机构的研究人员的研究存在着本质性差异时，就会逐渐抛却以往将自己的思考与分析用既定的理论话语来框定的做法；当老师们认识到现有的话语无法准确地形容或描述自己的感受与其他心理状态时，就会逐渐探寻其他可以恰当表情达意的表述方式；同样，当这样的话语形式发展到一定程度时，就会形成与专家话语并行的成果表达形态，当然也有可能与专家话语分庭抗礼，促使专家话语产生这样或那样的变化。这种研究话语乃至其他方面的"反哺"现象的出现，预计已经不会太遥远了。

研究话语个性化会不会导致研究成果无法共享，获得的经验无法传递给他人？对于这样的问题，我想不必过于担心。话语个性化是与每个教师面对的实际问题及具体场景等紧密结合在一起的，每个教师都用自己的话语表述自己的心境与思考，虽然产生的是五彩缤纷的研究成果，但这些成果所凝聚的智慧是有其共同性和共通性的，形式上不同，凝聚的智慧品质及解决问题的方法在一定程度上却是相同的。处此情形，各种话语形态的交汇，恰恰从多个不同侧面反映了对问题的不同思考与认知，推进的是对问题的认识水平，提升的是教师解决实际问题的能力。

六、整合资源是提高研究质量的保证

充分挖掘、利用学校中已有的研究资源，将潜在资源提升到显性的层面上，把各种资源作为学校教育科研的基础，围绕当下的研究问题或课题加以整合，是教育科研的质量与水平得到进一步提高的基本保证。

"挖掘资源，盘活存量"，这一经济领域中的理念正在学校教育科研中得到认同。中小学教育科研不是在从头做起，而是认真仔细分析已有的资源有哪些、哪些已经得到了利用、哪些还处在潜在的状态需要将其提升出来加以利用、这些资源的利用会带来研究课题的哪些变化，如此等等。无论是课题研究，还是对随机性问题的即时研究，广大教师都开始关注身边的可用的研究资源。

从今天来看，教育科研的资源林林总总，不同分类都可以看到不同资源的呈现。比如，根据研究课题，可分为两类资源：一是他人已有研究课题资源，教师常常会关注到在这个课题上有了哪些研究、研究推进到什么样的地步、还有哪些问题悬而未决、这样的研究给自己带来哪些启示、假如自己从事该课题或问题领域的研究的话从哪里入手，等等；一是自己已有研究资源，教师常常会分析自己的研究基础如何、以往的探讨与思考为今天的问题研究提供了怎样的基础、自己在哪些方面已经具备了相关研究的条件、还需要在哪些方面从外部获取支持，等等。根据资源载体，可分为三类资源：一是文字资源，所发表的相关的研究成果有哪些，自己撰写或他人撰写的论著为自己提供了哪些理论支撑、方法指导等；二是影像资源，相关的影像资料提供了怎样的信息，这些资料能为自己的研究提供哪些帮助，影像中的研究信息如何利用等；三是网络资源，教师大多开始高度重视网络提供的研究素材或结论，同时充分利用网络与其他同仁进行沟通交流。根据资源拥有主体，至少也可分为三类资源：一是身边的同行，他们所开展的研究或所作的思考会给自己带来感同身受的体会和启示；二是所在区域的教研员或科研人员，他们对所在区域的教育科研总体情况常有较为全面的掌握，可以为教师从事研究提供有针对性的指导；三是高等院校或科研机构专业研究者，他们的理论智慧和对教育发展趋向的总体把握，会给教师提供选题方向、实施策略以及由感性认识上升到理性认识路径上的引导。

学校教育科研中，对上述资源类别的认识越来越深入，并且越来越多的学校在从事研究过程中，会系统分析这些资源，从自己所确定的研究问题的角度考虑如何整合这些资源，使资源盘活，将研究资源逐渐转化为自己的研究资本，又进而形成自己的研究资本。事实也证明，缺乏研究资源整合眼光的研究，质量不高，水平欠佳，有可能选题失当，有可能研究实施不利，也有可能重复他人既定的结论。学校教育科研的资源整合，力度还应当进一步加大！

七、研究方法只有综合运用才有效力

研究方法的综合运用，强调的是教师不再单一地钟情于某一种方法或某一些方法，而是在更为充分地认识到方法是为目的与内容服务的前提下，切实从研究目的和内容出发，将多种不同的研究方法综合加以运用，从而更有效地解决自身教育教学实践中面临的问题或疑难。

进入 21 世纪以后，中小学教育科研的方法论基础引入了一个重要的概念——复杂科学。复杂、复杂科学、复杂思维等哲学中的新方法论开始成为中小学教育科研的指导。随着理论研究的深入，以及对教育科研现象认识的深入，复杂科学逐渐摆脱了其单一概念化的状态，正成为教师观察教育科研现象的方法论工具。从复杂科学或复杂思维的角度看，学校教育教学中存在的各种问题都不是孤立的，而是有着多方面联系的，线性的因果关系很难说明教育实践中的困境与疑难，正是错综复杂的因素才导致教育教学问题的出现。类似的分析与思考，使得教师在从事教育科研时，越来越多地借助于不同的研究工具与手段认识问题、解决问题。

研究方法的综合，是在不同层面上进行的。一是思维工具的综合运用，教师在从事教育科研时，要依据各种思维工具，如分析、综合、推理等，这些思维工具是所有研究的基础，教师开始从面对的问题出发，有意识地、自觉地将这些思维工具整合起来，运用于当下问题的研究，运用于自身实践的反思与探索之中；二是研究范式的综合运用，主要体现为定性与定量两种研究范式的综合运用，教师不再单一地将自己的研究视野集中在定性或定量上，不再无限夸大叙事研究或实验研究的作用，而是主动打破定性研究与定量研究的樊篱，从问题解决的实际出发，将两者有机地结合起来，运用于研究问题的探讨；三是研究样式的综合运用，这里说的研究样式指的是实验、调查、观察等，它们不是具体的操作方式，在一定程度上是不同研究方式的综合，教师在研究中越来越多地将这些样式整合起来，使其在研究过程中呈现出一系列新的形态；四是研究方式的综合运用，这些方式是研究具体操作的工具，以具体化、操作化为特点，访谈、问卷、测量等均属此类，这些方式是研究方法综合化的最基本的方面，是上述一系列综合化的最直接的表现形式。

方法只有综合，才有效力。单一的方法难以解释说明教育教学中的疑难问题，单一的方法在突出自身优势的同时，也总是凸现其蕴涵的缺陷。教育教学问题的复杂需要研究方法的综合运用，单一研究方法存在的缺陷也呼唤不同研究方法的结合与灵活运用。学校教育科研的发展，正步入定性与定量整合的时代！

八、掌握研究的基本规范仍有必要

应该承认，科研有其基本规律，科学研究活动有其特定的要求，如果我们把中小学教育科研置于科研活动的范畴的话，就应该遵循研究的共同性规范。这样的规范经历了科学研究活动数百年的检验，有其合理性。从中小学教师从事研究的基本情况来看，这种研究的规范意识还不太强，我们在注重行动研究，强调将行动与研究紧密结合起来的同时，却有意无意地忽视了研究有其特殊性，不能简单等同于实践活动本身。不仅是研究问题的确定有其基本规范，关键词语的界定有其基本要求，方案的制定有其基本的要件，就是方案的实施乃至研究结果的评定都有其基本的标准。没有规矩不能成方圆。我们欣喜地看到，这样的规范性意识正在逐渐在教师中形成。

在中小学教育科研中，存在着许多未予立项的课题研究，甚至这类随机性问题的研究，数量要比立项课题研究大得多，对教师专业发展来说也至关重要。这类研究是不是就没有了规范性要求？在我看来，这类研究同样需要有一定的规范限定，只不过与立项课题研究相比，其具体要求不同。比如，这类研究，需要教师切实对研究问题进行合理限定，需要在实践中切实对研究问题进行持续不断的反思，需要教师在研究中切实对研究资料进行收集整理、分析甄别，需要教师在研究结果的呈现上符合文体的基本规范，等等。

研究规范有内在与外在之分，也有一般与特殊之分。中小学的教育科研，既要关注外在规范要求，使自己的研究能与其他行业或领域的研究进行平等对话和交流，又要关注自身内在的规范要求，将教育科研切实当作教育教学问题解决的重要途径、教育教学智慧提升的重要手段；既要关注一般性的规范，也就是任何科学研究都应该遵循的基本要求，同时也要注重把握教育科研尤其是中小学教育科研的独特性规范特征与要求。在一定程度上，可以说，内在规范与特殊规范，更能体现学校教育科研的独到价值与意义。

讲规范，并不是漠视个性。个性与规范性在学校教育科研中构成的是一种相辅相成的关系。规范提升了教育科研成果的共享价值，个性彰显了教育科研的真正魅力。在研究中，两者的共存与共生，不断推进着教育科研的发展。

九、注重用制度引导、激励、约束研究

与学校教育中的其他实践活动不同，学校教育科研是由下而上和由上而下相互结合推进的一种学校行为。它不像有的学校改革行为完全是由外力推动，走的是由上向下推进的路径，也不像有的学校实践行为完全是学校自发生成的，走的是由下向上实施的历程，在很大程度上，它是两者的结合体，是上有所呼下有所应，同时也是下有所动上有所行的。这种特殊性为制度的制定与实施提供了便利，因为它不是完全外在于学校肌体的，学校肌体内部有其自身的需求。

20多年的学校教育科研实践，积累了大量的经验，有了一系列成功的做法。这些经验和做法是将学校教育科研的理念和要求外化出来，使学校教育科研不再是观念形态的东西，而切实有了具体的表现形态。理念外化积累到一定程度，就需要进一步优化，也就是把某些外化的经验做法借助于一定的思维加工或其他形式加以选优倡导，并且在不断优化的基础上，将那些反复出现的被实践证明行之有效的东西固化下来。固化的重要形式就是制度。从今天来看，学校教育科研的种种行为正在从外化走向优化，并越来越向固化也就是制度化的方向迈进。

学校教育科研的制度化色彩日趋浓郁，还表现在教育行政管理部门和学校越来越关注制度的制定以及制度之间的关联，在制定学校各项科研管理制度的同时，注意这些制度与教学制度、教师考核制度等的联系，使各制度构成一个相对完整的体系。而且，制度设计与实施的思路越来越清晰，制定者和实施者明确注意到制度规范的对象与行为、制度功能的落实与完善。正因如此，学校教育科研的各项制度才不只限于对教师研究行为的约束，而成为促进教师专业发展以及学校改革与发展的重要手段。

十、要做好研究成果转化这篇文章

学校教育科研的发展趋向之一，就是研究成果呈现出外显的态势：一方面，教师的各项研究不再是自己内在的心理特征的变化，越来越注重用物化的形式变现自己研究的进展；另一方面，学校以及教师越来越关注将研究结果转化为具体的教育教学实践，通过研究成果的转化引发课堂教学的变革、师生交往方式的变化、教师角色的重新调整等。

以往不少教师认为研究是专业研究者的事情，和自己没有太多的关联，自己只要把书教好就可以了，即使偶尔做点科研，也不见得一定要用教学日志、教学反思、教学叙事、教学案例、教学课例、教学论文等形式表现出来。认为只要自己反思相关教育教学行为，有一定收获就达到预期目的了。近几年来，一个显著的变化，就是教师在积极参与学校教育科研的同时，也积极地将自己的思考与研究成果用不同文体形式表达出来，从而使得学校教育科研的成果积累变得丰富起来，相互之间的成果分享成为可能，促进了学校教育科研的发展。

除了用一定的成果表达形式呈现自己的研究成效之外，研究成果还有两个变化的趋势：

一是教师高度关注研究成果向教育教学实践的转化。研究与实践相联，行动与反思相伴，是教师从事教育科研的一大特色。近来的研究，与学校实践的关联程度越来越密切。我们看到的学校改革与发展经验，常是以学校科研为后盾的，体现的是教师从事相关研究以后在学校实践层面上引发的变化，这恰恰说明，教师的教育研究已不再是外部功利刺激的短暂行为，而是经由持续不断的努力切实引发学校变革。

二是学校教育科研的成果向教师培训转化。研修、研训一体化这些概念的提出，其实更多地意味着在学校实践中，研究与培训正趋向合一，两者的界限正在变得模糊起来。研究是培训的重要手段，因为教师在研究中改进着自己的思维方式，提升着自己的教育智慧，积累着相关的教学经验，这些研究的成果与教师培训的旨趣是高度统一的。培训的内容等更多地来自研究成果的积累，一旦研究中取得的一系列成果以物化的形式呈现出来，其中很多成果经过适当加工就可以成为教师培训的很好素材，被培训教师在研读这些成果时，感到它们离自己的距离不是遥远的，而是发生在自己身边，自己完全可以掌握这样的成果，而且可以在实践中创造出更优异的成果。这种成果的转化形式，有时效果更为明彰。

后 记

　　"教师如何做研究"是我最近几年来一直关心的问题。我总在思考：为什么教师做了十几年的教育研究，成效却不显著？教师的教育研究与专业研究者的教育研究有何区别？如何在教育研究实践活动中体现出这些区别？教师应该搭建起怎样的教育研究平台？适合教师实际需求、便于教师操作的教育研究方法有哪些？这些研究方法如何才能成为教师职业生存方式的利器？如此等等。这些思考借助于《人民教育》2004 年度邀我开设的"教师如何做研究"栏目逐渐地呈现给广大的教师。

　　这一栏目的 12 篇文章发表后，承蒙华东师范大学出版社厚爱，结集以"教师如何做研究"为名出版。这本书引起了一些教师和教育科研人员的关注，我也接到了不少教师的来信。这些反响促使我对"教师如何做研究"作进一步的思考，促使我对相关的研究素材作进一步的分析和探究。进一步思考、分析和探究的结果，便形成了您所看到的《教师如何做研究》（第二版）。此次修订对原书作了较大幅度的改动：一方面是章节上作了调整，增加了教师从事研究的相关建议等；另一方面，在案例的选取上也注意呈现最新的素材，反映中小学教师最新的科研实践。

　　这本书能够问世，首先要感谢华东师范大学出版社，他们的关注、督促、宽容使我零散、片段的思绪转化为系统、整体的思考！感谢允许我在书中引用鲜活案例的老师们，这些老师我大多熟识，并且有着不少的交往，与他们的合作、沟通常常引发我对"教师如何做研究"进行多方面的考察和评析！感谢华东师范大学教育学系和华东师范大学基础教育改革与发展研究所，这两个研究机构的学术氛围和近年来日趋关注教育实践的态势一直滋养着我的学术梦想与实践情怀！感谢中国浦东干部学院教务部的同仁们，他们的勤勉、睿智、干练、进取使我有时间从事我心仪的研究工作！感谢我的父母、妻子和儿女，他们的健康、快乐、亲情、包容使我时时沉浸在巨大的幸福感之中，感受着生活的美好与工作的乐趣！

本书对"教师如何做研究"所进行的探索，还很粗浅。真诚地希望读者尤其是广大教师提出批评意见！

郑金洲

2012 年 3 月 1 日于沪上

图书在版编目（CIP）数据

教师如何做研究/郑金洲著 . —2 版 . —上海：华东师范大学
出版社，2012.6
ISBN 978 - 7 - 5617 - 9618 - 4

Ⅰ.①教... Ⅱ.①郑... Ⅲ.①教育科学—研究方法—中小学
Ⅳ.①G630 - 03

中国版本图书馆 CIP 数据核字（2012）第 136252 号

大夏书系·教师专业发展

教师如何做研究（第二版）

著　　者	郑金洲
策划编辑	李永梅
审读编辑	杨　霞
封面设计	大象设计
责任印制	殷艳红

出版发行	华东师范大学出版社
社　　址	上海市中山北路 3663 号　邮编 200062
网　　址	www.ecnupress.com.cn
电　　话	021 - 60821666　行政传真 021 - 62572105
客服电话	021 - 62865537
邮购电话	021 - 62869887　地址　上海市中山北路 3663 号华东师范大学校内先锋路口
网　　店	http://hdsdcbs.tmall.com/

印 刷 者	北京季蜂印刷有限公司
开　　本	700×1000　16 开
印　　张	13
字　　数	199 千字
版　　次	2012 年 8 月第二版
印　　次	2023 年 11 月第二十一次
印　　数	90 101 - 92 100
书　　号	ISBN 978 - 7 - 5617 - 9618 -4/G·5653
定　　价	49.80 元

出 版 人	朱杰人

（如发现本版图书有印订质量问题，请寄回本社市场部调换或电话 021 - 62865537 联系）